RÉUNIS AUTOUR DE GOSCINNY ET CHARLIER, VOUS AVEZ PU RECONNAÎTRE MESSIEURS :

PRADAL, LE RÉDACTEUR-EN-CHEF GÉANT, (QUE, MALGRÉ MES EFFORTS, JE N'AI PAS RÉUSSI À MONTRER EN ENTIER) • GÉBÉ • LORO • ALEXIS • BUSSEMEY • CHAKIR • DELYNX • REISER • CABU • FRED • VOTRE SERVITEUR • GODARD • POPPÉ • MÉZIÈRES • LOB • RICORD ET MULATIER, DES CONCERTS MAYOL •

MANDRYKA, ABSENT POUR RAISONS DE SANTÉ, S'ÉTAIT FAIT REPRÉSENTER PAR ISAAC NEWTON.

LES PHOTOS ÉTAIENT DE JACQUES STIERER.

LES MOUSTACHES DE MESSIEURS LOB, FRED ET ALEXIS ÉTAIENT FOURNIES PAR CARITA.

MONSIEUR CABU EST HABILLÉ, À LA VILLE COMME À LA SCÈNE, PAR PACO RABANE.

• C'EST À PEU PRÈS TOUT. •

gotlib

rubrique -à- brac

tome 5

deaux bonus :
bretecher
druillet
ir
mandryka

DARGAUD
ÉDITEUR
ARIS • BARCELONE • LAUSANNE • LONDRES
ILAN • MONTREAL • NEW YORK • STUTTGART

DU MEME AUTEUR

DANS LA COLLECTION HUMOUR
EN GRANDS ALBUMS CARTONNES

RUBRIQUE-A-BRAC tome 1 - Gotlib
RUBRIQUE-A-BRAC tome 2 - Gotlib
RUBRIQUE-A-BRAC tome 3 - Gotlib
RUBRIQUE-A-BRAC tome 4 - Gotlib
RUBRIQUE-A-BRAC tome 5 - Gotlib
LES DINGODOSSIERS tome 1 - Gotlib-Goscinny
LES DINGODOSSIERS tome 2 - Gotlib-Goscinny
CINEMASTOCK tome 1 - Gotlib-Alexis
CINEMASTOCK tome 2 - Gotlib-Alexis
CLOPINETTES - Gotlib-Mandryka
TRUCS-EN-VRAC - Gotlib

DU MEME AUTEUR, AUX EDITIONS FLUIDE GLACIAL

LA FABULEUSE SAGA DE GAI-LURON :
TOME 1 - GAI-LURON OU LA JOIE DE VIVRE
TOME 2 - GAI-LURON EN ECRASE MECHAMMENT
TOME 3 - GAI-LURON RIT DE SE VOIR SI BEAU...
TOME 4 - GAI-LURON ET JEAN-PIERRE LIEGEOIS...
TOME 5 - GAI-LURON FAIT RIEN QU'A COPIER
TOME 6 - GAI-LURON CE HEROS AU SOURIRE SI DOUX
TOME 7 - GAI-LURON S'EN TIRE PAR UNE PIROUETTE
TOME 8 - GAI-LURON DRAGUE COMME UNE BETE
TOME 9 - GAI-LURON N'ENGENDRE PAS LA MELANCOLIE
TOME 10 - GAI-LURON TIRE UNE TRONCHE PAS POSSIBLE
HAMSTER JOVIAL ET SES LOUVETEAUX
RHAA LOVELY (TOMES 1 - 2 - 3 - POUR ADULTES)
RHA-GNAGNA (TOMES 1 et 2)
DANS LA JOIE JUSQU'AU COU - DESSINS ALEXIS
SUPERDUPONT (AVEC LOB) - DESSINS ALEXIS
SUPERDUPONT (2) (AVEC LOB) - DESSINS SOLE
POP ET ROCK ET COLEGRAM (AVEC DISTER) - DESSINS SOLE

EGALEMENT DANS LA COLLECTION HUMOUR

SOUVENIRS D'UN MENTEUR - Régis Franc
NOUVELLES HISTOIRES - Régis Franc
HISTOIRES IMMOBILES ET RECITS INACHEVES - Régis Franc
NUITS DE CHINE - Régis Franc
SUNSET CORRIDOR - Régis Franc
LE GRAND DUDUCHE - Cabu
IL LUI FAUDRAIT UNE BONNE GUERRE (DUDUCHE) - Cabu
LE GRAND DUDUCHE EN VACANCES - Cabu
A BAS LA MODE (DUDUCHE) - Cabu
LE GRAND DUDUCHE ET LA FILLE DU PROVISEUR - Cabu
LE JOURNAL DE CATHERINE - Cabu
CATHERINE SAUTE AU PAF ! - Cabu
MON BEAUF - Cabu
L'ENNEMI INTERIEUR (DUDUCHE) - Cabu
TRANCHES DE VIE tome 1 - Lauzier
TRANCHES DE VIE tome 2 - Lauzier
TRANCHES DE VIE tome 3 - Lauzier
TRANCHES DE VIE tome 4 - Lauzier
LILI FATALE - Lauzier
CHRONIQUES DE L'ILE GRANDE - Lauzier
UN CERTAIN MALAISE - Lauzier
LA COURSE DU RAT - Lauzier
LA TETE DANS LE SAC - Lauzier
LES CADRES - Lauzier
SOUVENIRS D'UN JEUNE HOMME - Lauzier
LE FOND DE L'AIR EST FRAIS - Fred
HUM ! - Fred
ÇA VA, ÇA VIENT - Fred
Y'A PLUS DE SAISON - Fred
MANU MANU - Fred
LES ANGOISSES DE CELLULITE - Bretecher
SALADES DE SAISON - Bretecher
LES ETATS D'AME DE CELLULITE - Breteche
LE CHAINON MANQUANT - Picha-Hendra
CRACHER DANS L'EAU ÇA NE FAIT PLUS DE RONDS
QU'EST-CE QUE JE FOUS LA ? - Gébé
L'AN 01 - Gébé
LES CHANSONS DE TACHAN tome 1
LES CHANSONS DE TACHAN tome 2
TOUS EN SCENE - Hugot
LES DEUX MECS - Hugot
LE DOCTEUR EST MALPOLI - Hugot
C'EST DUR D'ETRE PATRON - Wolinski
MON CORPS EST A ELLE - Wolinski
CACTUS JOE - Wolinski
GEORGES LE TUEUR - Wolinski
IL NE FAUT PAS REVER - Wolinski
BERNARD LERMITE - Veyron
MONSIEUR SAIT-TOUT - Goscinny-Martial
PAULETTE tome 1 - Wolinski-Pichard
PAULETTE tome 2 - Wolinski-Pichard
PAULETTE tome 3 - Wolinski-Pichard
PAULETTE tome 4 - Wolinski-Pichard
PAULETTE tome 5 - Wolinski-Pichard
PAULETTE tome 6 - Wolinski-Pichard
PAULETTE tome 7 - Wolinski-Pichard
BIENVENUE AUX TERRIENS - Petillon
ET MOI, POURQUOI J'AI PAS UNE BANANE ? -
DU COTE DES VIOLES - Copi
KANG - Copi
LA BIBLE... - Loup
C'EST L'EPOQUE QUI VEUT ÇA - Hoviv
Y A-T-IL DES PASSAGERS DANS L'AVION ? - Ho
LES KAMARADES - Hoviv

Dépôt légal avril 1985 n° 8206
ISBN 2-205-00783-1
I S S N 0758-4717
Imprimé en France - Publiphotoffset 75011 Paris - en mars 1985
Printed in France

SOMMAIRE

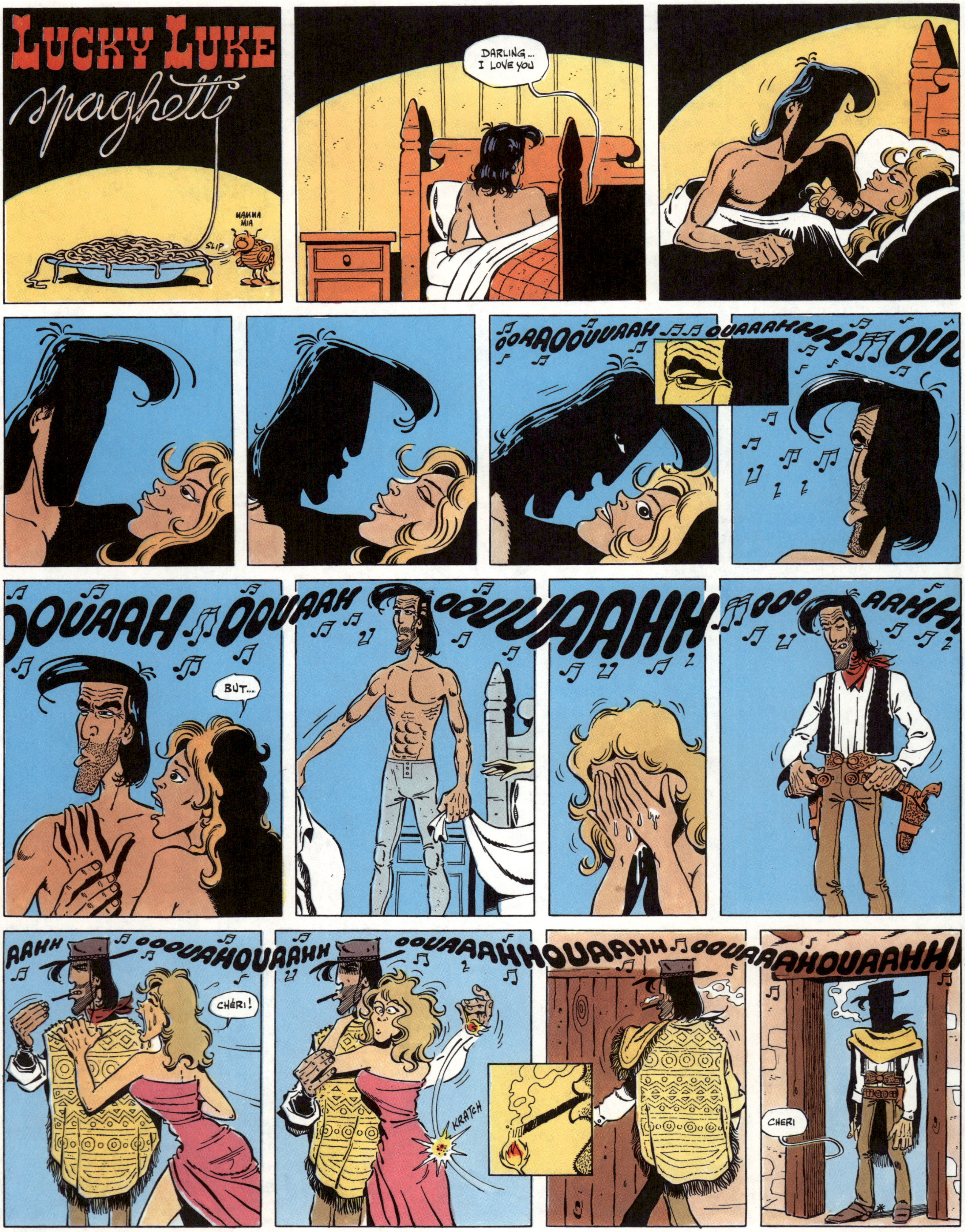
LUCKY LUKE
spaghetti
MAMMA MIA
SLIP
DARLING... I LOVE YOU
OOAAOOUUAAH
OUAAAAHHH!
BUT...
CHÉRI!
KRATCH
CHERI

OOUUAAN OOUAAAHH
OOUUAAH OOU
CHÉRI
OOUUAAH OUAAHH
OOOOOOOOUUAAAHH OOUUAAAHH
CHÉRI
OOOUUAAHH OOUAAAHHOOUUAAAHH
CHÉRI

AAARGH
PIOUUUUU
PENG
PENG
PIOUUUUU
PIOUUUUU
PENG
PIOUUUUU
PENG
PIOUUUUUUU
PIOUUUUU
RGHAAA
RHAAAAAAA
AAARHG
PIOUUUUU
GHRAAAA
PENG
G
PARDON?
CHÉRI
OUPS
JE MANGE-RAIS BIEN UN BON POTAGE ITALIEN
IL ME SEMBLE AVOIR DÉJÀ VU CETTE TÊTE-LÀ QUELQUE PART
CHARLES BRONSON? CLINT EASTWOOD?
MMMM... DÉLICIEUX CET OS
BON SANG... QUI C'EST DÉJÀ... GIAN MARIA VOLONTE? LEE VAN CLEEF?
CRONTCH SCROTCH
HA! MA C'EST LA MAMMA
ELI WALLACH? JASON ROBARDS?
JAIL HO
VOUS AVEZ DES BROCCOLIS?
POUR QUOI FAIRE?
POUR ME LES CARRER DANS LE MINES-TRONE
ÇA Y EST J'Y SUIS, C'EST WILLIAM HART
FINE
ÔÔÔÔÔ SOLOOO MIOOO
POUR FAIIIIRE UN BON MINESTRONE D'ITAAAALIE

UN HOMME... SEUL ET DÉSEMPARÉ... ASSIS DEVANT SON BUREAU SOMPTUEUX... UNE INSOUTENABLE ANGOISSE RONGE SES ENTRAILLES...
JE SUIS PERDU...
C'EST UNE INFÂMIE... JE SUIS ATTAQUÉ SUR TOUS LES FRONTS... L'EUROPE ENTIÈRE CHERCHE MA PERTE... JE NE SUIS PAS DE TAILLE À COMBATTRE...
...ET POURTANT... AH DIEU... JE SUIS SÛR QUE TOUTES CES COCHONNERIES ÉTRANGÈRES NE VALENT RIEN !.. JE SUIS SÛR QUE MA NOUILLE EST LA MEILLEURE !!
MAIS JE ME REFUSE À LUTTER CONTRE UNE COALITION DE MÉTÈQUES ! PLUTÔT LA MORT AU DÉSHONNEUR !.. Adieu Nouille chérie ! Douce Nouille de France À qui j'ai consacré toute mon existence !..
PAN
ARRÊTEZ MALHEUREUX !
MADE IN FÉLIX POTIN
SUPERDUPONT À LA RESCOUSSE DE FÉLIX POTIN
UNE FANTASTIQUE AVENTURE DE SUPERDUPONT (LE PREMIER SUPER-HÉROS 100% FRANÇAIS) par Gotlib
COMMENT OSEZ-VOUS ? VOUS !.. LE MAÎTRE DE LA NOUILLE FRANÇAISE !! COMMENT OSEZ-VOUS COMMETTRE UN TEL GESTE !?. QUEL PROFOND DÉSESPOIR VOUS POUSSE À PRIVER À TOUT JAMAIS LES ENFANTS DE NOTRE BEAU PAYS DE VOTRE NOUILLE !?.. VOUS N'AVEZ PAS LE DROIT D'ÊTRE SI ÉGOÏSTE !..
...dit Superdupont, et la noblesse de son regard ne démentissait pas son propos.
ÉGOÏSTE !.. ÉGOÏSTE !.. VOUS EN PARLEZ AISÉMENT !.. ET N'EST-CE POINT DE L'ÉGOÏSME DE LA PART DU GOUVERNEMENT FRANÇAIS, QUE DE LAISSER LA NOUILLE ÉTRANGÈRE ENVAHIR LES TABLES FRANÇAISES, EN ACCEPTANT CETTE MASCARADE QUI A NOM "EUROPE UNIE" !?.. N'ÉTIONS-NOUS PAS TRANQUILLES ENTRE NOUS ?!..
...répondit Félix Potin. Et toute la détresse du monde vibrait dans sa voix.
CHER MONSIEUR FÉLIX POTIN, LE GOUVERNEMENT FRANÇAIS SAIT CE QU'IL FAIT. MÊME SI SES INTENTIONS NOUS ÉCHAPPENT PARFOIS, IL N'OEUVRE QUE POUR NOTRE BIEN ET VOUS N'AVEZ PAS LE DROIT DE LE CONDAMNER !..
EN ATTENDANT, LA NOUILLE ÉTRANGÈRE VA ENTRER EN COMPÉTITION AVEC LA MIENNE... ET JE NE SUIS PAS DE TAILLE À LUTTER SEUL CONTRE TROIS PAYS !..
ÉVIDEMMENT, LA SITUATION EST GRAVE... MAIS NE DÉSESPÉREZ PAS. J'EMPORTE LES NOUILLES MÉTÈQUES. POUR VOUS RENDRE L'HONNEUR, JE VAIS FAIRE TOUT CE QUI EST EN MON POUVOIR... ...QUI EST GRAND !..
J'EMPORTE ÉGALEMENT UNE DE VOS NOUILLES CAR J'AI MON IDÉE !.. AYEZ CONFIANCE MONSIEUR FÉLIX POTIN !.. SUPERDUPONT S'OCCUPE DE VOUS !!..
DIEU VOUS BÉNISSE ET VOUS AIDE DANS VOTRE OEUVRE BIENFAITRICE ET VOUS FASSE LE NEZ COMME J'AI L'ÂME !..

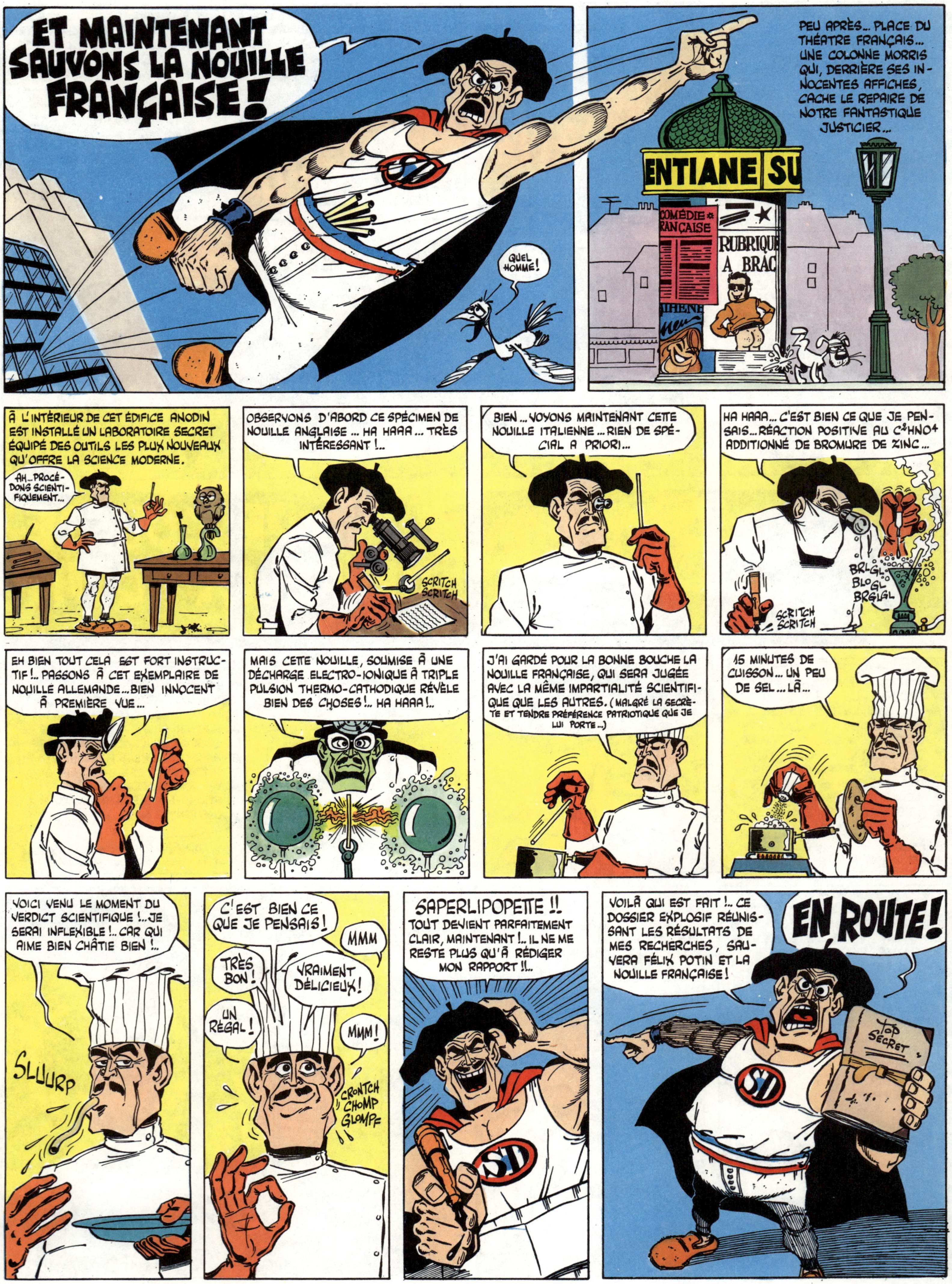
ET MAINTENANT SAUVONS LA NOUILLE FRANÇAISE !
QUEL HOMME !
PEU APRÈS... PLACE DU THÉATRE FRANÇAIS... UNE COLONNE MORRIS QUI, DERRIÈRE SES INNOCENTES AFFICHES, CACHE LE REPAIRE DE NOTRE FANTASTIQUE JUSTICIER...
ENTIANE SU
COMÉDIE FRANÇAISE
RUBRIQUE A BRAC
À L'INTÉRIEUR DE CET ÉDIFICE ANODIN EST INSTALLÉ UN LABORATOIRE SECRET ÉQUIPÉ DES OUTILS LES PLUX NOUVEAUX QU'OFFRE LA SCIENCE MODERNE.
AH... PROCÉDONS SCIENTIFIQUEMENT...
OBSERVONS D'ABORD CE SPÉCIMEN DE NOUILLE ANGLAISE ... HA HAAA ... TRÈS INTÉRESSANT !..
SCRITCH SCRITCH
BIEN ... VOYONS MAINTENANT CETTE NOUILLE ITALIENNE ... RIEN DE SPÉCIAL A PRIORI...
HA HAAA... C'EST BIEN CE QUE JE PENSAIS... RÉACTION POSITIVE AU C^2HNO^4 ADDITIONNÉ DE BROMURE DE ZINC...
BRLGL BLOGL BRGLGL
SCRITCH SCRITCH
EH BIEN TOUT CELA EST FORT INSTRUCTIF !.. PASSONS À CET EXEMPLAIRE DE NOUILLE ALLEMANDE... BIEN INNOCENT À PREMIÈRE VUE...
MAIS CETTE NOUILLE, SOUMISE À UNE DÉCHARGE ELECTRO-IONIQUE À TRIPLE PULSION THERMO-CATHODIQUE RÉVÈLE BIEN DES CHOSES !.. HA HAAA !..
J'AI GARDÉ POUR LA BONNE BOUCHE LA NOUILLE FRANÇAISE, QUI SERA JUGÉE AVEC LA MÊME IMPARTIALITÉ SCIENTIFIQUE QUE LES AUTRES. (MALGRÉ LA SECRÈTE ET TENDRE PRÉFÉRENCE PATRIOTIQUE QUE JE LUI PORTE...)
15 MINUTES DE CUISSON... UN PEU DE SEL... LÀ...
VOICI VENU LE MOMENT DU VERDICT SCIENTIFIQUE !.. JE SERAI INFLEXIBLE !.. CAR QUI AIME BIEN CHÂTIE BIEN !..
SLUURP
C'EST BIEN CE QUE JE PENSAIS !
MMM
TRÈS BON !
VRAIMENT DÉLICIEUX !
UN RÉGAL !
MMM !
CRONTCH CHOMP GLOMPF
SAPERLIPOPETTE !!
TOUT DEVIENT PARFAITEMENT CLAIR, MAINTENANT !.. IL NE ME RESTE PLUS QU'À RÉDIGER MON RAPPORT !!..
VOILÀ QUI EST FAIT !.. CE DOSSIER EXPLOSIF RÉUNISSANT LES RÉSULTATS DE MES RECHERCHES, SAUVERA FÉLIX POTIN ET LA NOUILLE FRANÇAISE !
EN ROUTE !
TOP SECRET

CE MATIN-LÀ, UNE HEURE AVANT QUE LES BUREAUX NE S'EMPLISSENT DES JOYEUSES CLAMEURS D'UNE NOUVELLE JOURNÉE DE TRAVAIL, UNE SILHOUETTE ALTIÈRE SURVOLE LA CAPITALE, SE DIRIGEANT VERS UNE IMPOSANTE BÂTISSE.
MINISTÈRE DE LA BOUSTIFAILLE
REVÊTU D'UN HABILE DÉGUISEMENT MASQUANT SA VÉRITABLE IDENTITÉ, NOTRE HÉROS, (CAR NOUS L'AVIONS TOUS RECONNU), MARCHE DE SON PAS SOUPLE ET FÉLIN DANS LES COULOIRS DU MINISTÈRE, OÙ IL S'EST INTRODUIT SUBREPTICEMENT PAR L'ENTRÉE DES FOURNISSEURS.
SALUT COLLÈGUE ! J'SUIS L'LAVEUR D'CARREAUX. J'VIENS LAVER LES CARRELINGUES DU BURELINGUE DE CÉZINGUE, L'MINISTR'MAN, OUAIS. (1)
PASSE COLLÈGUE
HUISSIER
(1) SUPERDUPONT EMPRUNTE VOLONTAIREMENT UN ACCENT VULGAIRE ET TRIVIAL EN CONTREFAISANT SA VOIX.
ME VOICI DANS LA PLACE ! VITE !
HOP ! LE TOUR EST JOUÉ !
TOP SECRET
Mr le Ministre
À LA R'VOYURE COLLÈGUE !
T'AS VITE FAIT, COLLÈGUE
QU'EST-C'TU CROIS, J'CONNAIS MON BOULOT
ESSUYEZ VOS PIEDS S.V.P.
PEU APRÈS...
...LE MINISTRE VIENT PRENDRE SON SERVICE.
KLONG
NOUS TENONS À REMERCIER ICI LE SERVICE DES RELATIONS PUBLIQUES DU MINISTÈRE QUI NOUS A GRACIEUSEMENT OUVERT LES PORTES DE SES LOCAUX, NOUS PERMETTANT AINSI DE PRENDRE SUR PLACE UN FOISONNEMENT DE CROQUIS DES LIEUX, CROQUIS GRÂCE AUXQUELS NOUS AVONS PU RENDRE, AVEC UN RÉALISME HALLUCINANT LES DÉCORS SOMPTUEUX SERVANT DE CADRE À L'HISTOIRE.
Mr le Ministre
TOP SECRET
ALLÔ ! LE JOURNAL OFFICIEL ? VITE !
STOPPEZ TOUT SUR L'AFFAIRE ARANDA !
TITREZ À LA UNE SUR CINQ COL !..
DEMANDEZ LE JOURNAL OFFICIEL !
JOURNAL OFFICIEL
LE SCANDALE DE LA NOUILLE EUROPÉENNE !
RAPPORT
MAIS C'EST IMPOSSIBLE !
JOURNAL OFFICIEL
LE SCANDALE DE LA NOUILLE EUROPÉENNE !
CLONG
ARRÊTEZ LES ROTATIVES !! SENSATIONNEL !
COCO
RAPPORT SUR LA N
Une commission d'enquête composée d'experts
téticiens, après analyses des différents specimens
de nouilles rend publics les résultats.
NOUILLE ANGLAISE : Goudron 78 %
Colorant chimique 20 %
Sel 2 %
NOUILLE ITALIENNE : Mazout 54 %
Mastic 22 %
Dyphényl 18 %
Thalydomide 4 %
Sel 2
NOUILLE ALLEMANDE : Gravats
Pétrole brut
Boue
Hexachlorophène
Sel
NOUILLE FRANÇAISE :
Rien que du bon 98 %
Sel 2 %
Le Conseil de l'Europe, réuni en c
extraordinaire, a pris la décision d
hors-la-loi toute nouille autre que
française. Messieurs Gault et M
quent : " Nous vous l'avions bien

SAUVÉ ! JE SUIS SAUVÉ !!
JOURNAL OFFICIEL
LA PAGE DES SPORTS
MON DIEU, BÉNISSEZ SUPERDUPONT QUI M'A RENDU LA VIE ET L'HONNEUR EN RÉHABILITANT MA NOUILLE...
À QUELQUE TEMPS DE LÀ...
Nous, Compagnons de l'Ordre du Tastenouille, allons taster solennellement la nouille du Sieur Félix Potin !..
Slurp
glop
Crotch
Glopf
Crontch
Ptouy
Ptouy
Très bon !
Délicieux !
Un régal !
Mmm
Quel fruité !
Succulent !
à l'unanimité Monsieur : Félix Potin Chevalier de la Confrérie du Tastenouille.
Gault Millau
Vous êtes sacré Chevalier du Tastenouille.
snif
GRÂCE À SUPERDUPONT, LA NOUILLE FRANÇAISE AVAIT RECONQUIS SUR LE MARCHÉ EUROPÉEN LA PLACE DE PREMIER PLAN QU'ELLE AVAIT FAILLI PERDRE !!.. VIVE LA NOUILLE !.. VIVE SUPERDUPONT !!..
VIVE LA FRANCE !!
MA CHÉRIE, UN BRILLANT AVENIR S'OUVRE À MA NOUILLE !
Ô FÉLIX...
JE SAVAIS QUE TU TE TIRERAIS DE CE MAUVAIS PAS ! J'AI TOUJOURS EU CONFIANCE EN TOI MON AMOUR !
JE NE RÊVE QUE DE NOUILLE
HÉ ! J'AI PAS EU MON PÂTÉ AUX NOUILLES !
MAMAN ! JE N'AI RIEN AUX DENTS !
PLUS TARD, JE TROUVERAI DE NOUVELLES VARIÉTÉS DE NOUILLES PAR CROISEMENT
Une production LOB / GOTLIB
GOTLIB

LA PANTOMIME
...OU UN EXEMPLE NAVRANT DE DÉFORMATION PROFESSIONNELLE
LA PANTOMIME EST L'ART DU SILENCE. JOUER LA COMÉDIE, LE DRAME, LA TRAGÉDIE, DANSER UN BALLET, ÉVOQUER UN OPÉRA ET LE TOUT, SANS PRONONCER LE MOINDRE MOT, SANS PROFÉRER LE MOINDRE SON, VOILÀ QUI DEMANDE UNE FORMATION ET UNE TECHNIQUE DES PLUS SPÉCIALES. LE RÉSULTAT EST MERVEILLEUX. IL Y A, TOUTEFOIS CERTAINS "TRUCS" DE BASE QUI SONT, POUR AINSI DIRE, L'A.B.C. DE LA PANTOMIME. UN PEU COMME LES GAMMES POUR UN MUSICIEN, LES VOCALISES POUR UN CHANTEUR, OU LES CHUTES DU JUDOKA.
LA MARCHE, PAR EXEMPLE, DEMANDE UN JEU DE JAMBES COMPLIQUÉ POUR DONNER AU SPECTATEUR L'ILLUSION QUE L'ARTISTE AVANCE, TOUT EN RESTANT SUR PLACE.
LE RÉSULTAT EST PROPREMENT AHURISSANT. NE DIRAIT-ON PAS QUE CE MIME EST EN TRAIN D'EFFECTUER LE STRASBOURG-PARIS ? SURTOUT SI LE DÉCOR, DERRIÈRE LUI, SE DÉPLACE DANS L'AUTRE SENS, ACCENTUANT ENCORE L'ILLUSION.
CE MIME EST LITTÉRALEMENT EN TRAIN DE *MARCHER* SOUS NOS YEUX. C'EST À PEINE CROYABLE. ET POURTANT, J'EN SAIS QUELQUE CHOSE, C'EST MOI-MÊME QUI L'AI DESSINÉ.
AUTRE EXEMPLE CLASSIQUE DE PANTOMIME : LA MARCHE CONTRE LE VENT.
(AVEC UN HABILE TRUQUAGE)
(EXPLICATION DE L'HABILE TRUQUAGE)
LE COUP DE LA CORDE TIRÉE :
1
2
EN RÉSUMÉ, LE MIME EST DONC AMENÉ À FAIRE COMPRENDRE UNE ACTION AU SPECTATEUR D'UNE FAÇON MUETTE. OR, DANS LA VIE, LES MOUVEMENTS SONT EN GÉNÉRAL DISCRETS. SI QUELQU'UN, PAR EXEMPLE, "VOIT" UN OBJET, IL N'A BESOIN DE FAIRE COMPRENDRE CELÀ À PERSONNE. AUSSI, SON MOUVEMENT SERA-T-IL INSIGNIFIANT.
(IL VOIT L'OBJET QUELCONQUE)
OBJET QUELCONQUE
(MAIS NOUS, ON NE VOIT PAS QU'IL VOIT)
(ET D'AILLEURS ON S'EN FOUT)
SI MAINTENANT UN MIME, POUR FAIRE COMPRENDRE À UN SPECTATEUR QU'IL "VOIT" QUELQUE CHOSE, UTILISE LE MÊME GESTE QUE DANS LA VIE, LE RÉSULTAT SERA MAUVAIS.
(ON NE VOIT ABSOLUMENT PAS QU'IL VOIT)
(SURTOUT QU'IL N'Y A MÊME PAS D'OBJET QUELCONQUE)
D'OÙ IL RESSORT QUE LE MIME EST DANS L'OBLIGATION D'OUTRER SON GESTE, ET CE, POUR QUE L'ON "VOIT" BIEN QU'IL "VOIT". JE NE SAIS PAS SI VOUS VOYEZ CE QUE JE VEUX DIRE.
(LÀ AU MOINS, ON "VOIT" QU'IL VOIT)
(PAR AILLEURS, IL A UN DOIGT DE TROP, CE QUI REND L'ILLUSION ENCORE PLUS CRIANTE.)

QUE SE PASSE-T-IL MAINTENANT SI L'ARTISTE, EMPORTÉ PAR LA DÉFORMATION PROFESSIONNELLE, AGIT DANS LA VIE DE TOUS LES JOURS COMME S'IL ÉTAIT SUR SCÈNE ? POUR LE SAVOIR, ÉTUDIONS QUATRE SITUATIONS TRÈS QUOTIDIENNES, EN COMPARANT CHACUNE D'ELLES DANS SA VERSION "MIMÉE", D'UNE PART, ET DANS SA VERSION "VÉCUE", D'AUTRE PART.
PANTOMIME DE LA SOIF.
SCÈNE VÉCUE DE LA SOIF.
(LE MIME EN CIVIL)
?
PLOP
FAUT PAS VOUS ÉNERVER

PANTOMIME DU POULET RÔTI.
SCÈNE VÉCUE DU POULET RÔTI.
?
GROMPF
GLOPF
CHOMP
CRONTCH
GNAPF
CRURNTCH
SLURP
SLORP
GNOUM
CLAP
RÔÔÂÔÔ
?

PANTOMIME DE LA BAGARRE DERRIÈRE LE MUR.
(TRUQUAGE HABILE)
(EXPLICATION DU TRUQUAGE, LA SCÈNE ÉTANT VUE DE L'AUTRE CÔTÉ DU MUR.)
(AUTRE TRUQUAGE)
(EXPLICATION)
SCÈNE VÉCUE DE LA BAGARRE DERRIÈRE LE MUR.
EXPLICATION DE LA SCÈNE, VUE DE L'AUTRE CÔTÉ DU MUR.

PANTOMIME DE LA SCÈNE D'AMOUR.
(TRUQUAGE HABILE)
(EXPLICATION DU TRUQUAGE)

LA SCÈNE D'AMOUR VÉCUE.
?
!
(SCÈNE VUE DE L'AUTRE CÔTÉ)
PIN PON PIN PON

sac de nœuds chez les princes

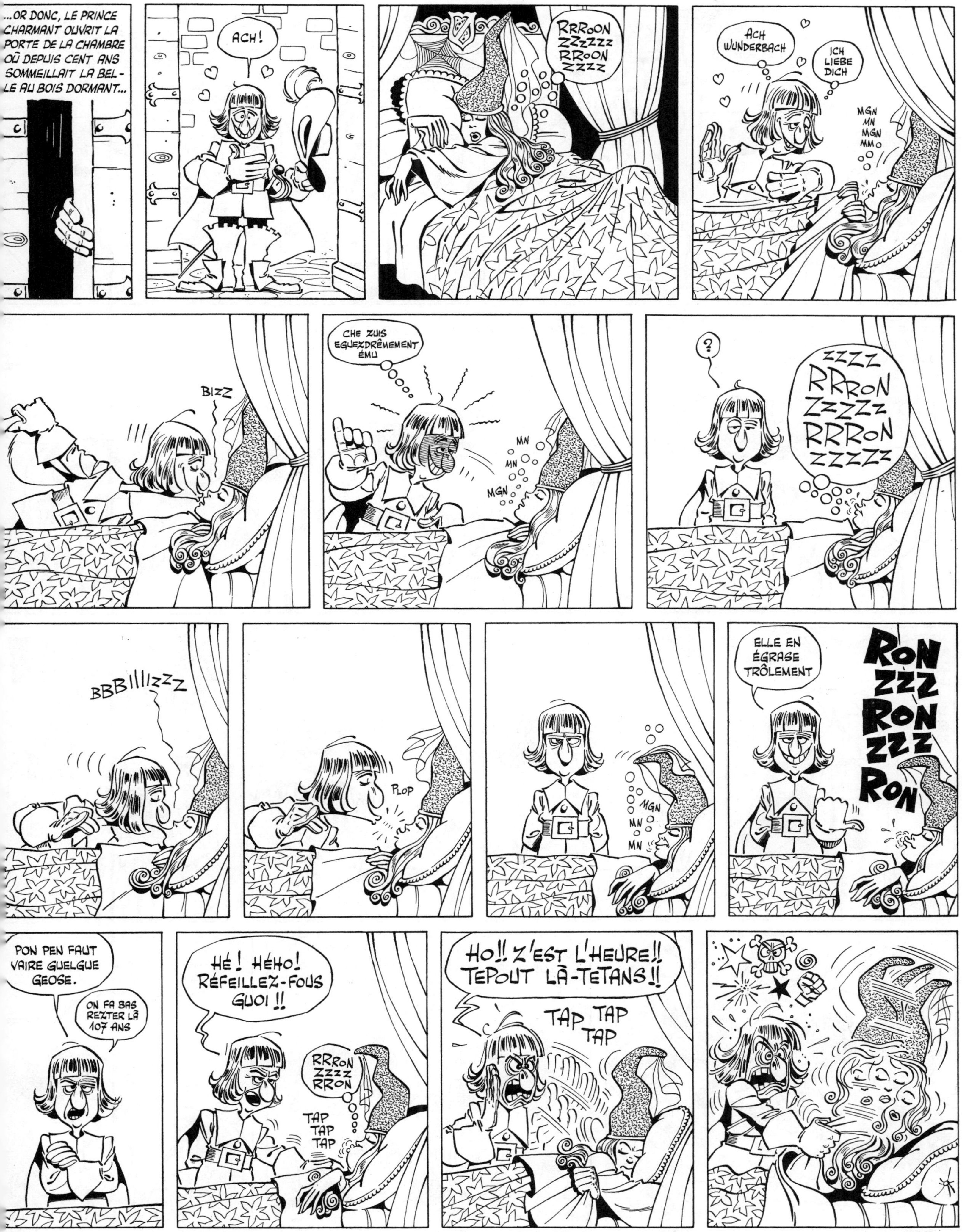

sac de nœuds chez les princes

...N'EST-CE POINT ICI QUE LOGE UNE JEUNE FILLE D'UNE GRANDE BEAUTÉ REVÊTUE D'UNE PEAU D'ÂNE ?..
... CAR POUR TOUT VOUS DIRE, JE SUIS LE PRINCE CHARMANT CHARGÉ DE LA RETROUVER, ET ALORS...
AH... C'EST PAR LÀ... MERCI...
CETTE PORTE ?.. MERCI... VOUS ÊTES TRÈS CIVILS.
MAIS JE VOUS EN PRIE, IL N'Y A PAS DE DÉRANGEMENT !
Z'EST DRÈS BEU DE GEOSES !
TOC TOC TOC
EUH... JE M'EXCUSE... JE SUIS LE PRINCE CHARMANT QUI...
HO! HOU! HI! HI! HI! HO! HO! HO! OUAAH! HA! HA!
IL N'EST GUÈRE CIVIL
HOOUUU.... BON... EH BIEN... JE VAIS RENTRER... ET VOUS ? QU'EST-CE QUE VOUS FAITES ?..
PEN MOI, CHE FAIS RENTRER AUZZI
VOUS AVEZ CINQ MINUTES ?
YA, BOURQUOI ?
ON PREND UN POT ?
PONNE ITÉE ON BREND UN BOT
HUM... EXCUSEZ-MOI, MESSIEURS...
...POURRIEZ-VOUS M'INDIQUER LE CHEMIN DE L'INSTITUT ? JE SUIS LE PRINCE-RINGUET, ET ALORS...
ÉGOUTEZ FIEUX, TÉPROUILLEZ-FOUS DOUT SEUL, GOMME LES BEDITS GOPAINS.
SANS AGUE
VOUS N'AVEZ QU'À DEMANDER À UN AGENT.
C'EST VRAI QUOI
VOUS N'ÊTES GUÈRE CIVIL.
NON MAIS ON N'EST PAS UNE AGENCE DE RENSEIGNEMENTS !
ET BIS GUOI ENGORE
REMARQUEZ, FAUT DIRE UNE CHOSE, LES ROUTES SONT VRAIMENT MAL SIGNALÉES...
Z'EST FRAI, IL VAUT GUE CHE DROUVE PLANCHE-NEICHE, GUAND MÊME
AU FAIT, QU'EST-CE QUE J'AI FAIT DE LA PANTOUFLE ?
ET CHEZ VOUS, SANS ÇA, ÇA VA ?
ZA FA, MAIS LE BEDIT FIENT TE ME VAIRE LA ROUCHOLE
AH, LA VOILÀ
HEUREUSEMENT, CH'AI LA ZÉGU RIDÉ ZOCIALE
BELLE ARRIÈRE-SAISON
MAIS COMME L'AMOUR ET LA BONTÉ FINISSENT TOUJOURS PAR TRIOMPHER, ILS FURENT HEUREUX ET EURENT BEAUCOUP D'ENFANTS.

pédagogie

AUJOURD'HUI, NOUS NE RIGOLONS PAS. LE SUJET ABORDÉ EST EN EFFET EXTRÊMEMENT GRAVE, PUISQU'IL S'AGIT DE QUELQUES CONSEILS CONCERNANT L'ÉDUCATION DES ENFANTS. (ÇA NE VOUS INTÉRESSE PEUT-ÊTRE PAS ENCORE, MAIS ÇA VIENDRA BIEN UN JOUR)
JE NE SAURAIS TROP VOUS INCITER À MONTRER CETTE R.A.B. À VOS PARENTS. ILS VERRONT AINSI QUE LES BANDES DESSINÉES NE SONT PAS UNIQUEMENT CONSTITUÉES D'HISTOIRES DE COUPS DE BÂTONS (BING!) OU DE PEAUX DE BANANES. (SCHLIP!)
UNE PREMIÈRE RECOMMANDATION CONCERNE L'ATTITUDE À ADOPTER FACE À L'ENFANT QUI EST EN TRAIN DE FAIRE UNE BÊTISE :
LULU COSTAUD
....
LA RÉACTION CI-DESSOUS EST TRÈS MAUVAISE. S'AFFOLER EST UNE CHOSE À NE PAS FAIRE.
BLENGLENG BLENGELENGLENGELENG
RÈGLE D'OR DANS CE CAS : CONSERVER SON CALME.
COSTAUD LULU
OOOOH! LULU COSTAUD
OH BEN OUI ALORS IL EST COSTAUD LULU
PAPAPA CO COCO CO COSTAUD AUSSI? P P PP PAPA?
ENSUITE, UNE FOIS LA CATASTROPHE ÉVITÉE, FAIRE LA LEÇON À L'ENFANT.
DE MÊME, IL EST FORMELLEMENT DÉCONSEILLÉ DE SE DISPUTER EN PRÉSENCE DE L'ENFANT.
UNE SCÈNE COMME CELLE-CI RISQUE DE LE CHOQUER PROFONDÉMENT. CHOC POUVANT ALLER JUSQU'AU TRAUMATISME.
TOUJOURS LA RÈGLE D'OR DU SELF-CONTRÔLE. SI LES PARENTS ONT UNE QUERELLE À VIDER, QU'ILS AILLENT LE FAIRE DANS LA PIÈCE À CÔTÉ.
LULU VA ÊTRE BIEN SAGE
PAPA ET MAMAN REVIENNENT TOUT DE SUITE
ÉGALEMENT DANS LE DOMAINE DU SANG-FROID, SI L'ENFANT FAIT UNE COLÈRE, N'ENTREZ PAS DANS SON JEU. FAITES DIVERSION. IL SE CALMERA TRÈS VITE ET SA COLÈRE FONDRA INSTANTANÉMENT.
OOOH!.. LA JOLIE MONTRE! TIC-TAC-TIC-TAC OOOOOOOH!
TIC TAC TIC TIC TIC TAC
PEU DE TEMPS APRÈS, EN ALLANT ACHETER UNE AUTRE MONTRE, C'EST VOUS QUI FEREZ UNE GROSSE COLÈRE.
AUTRE PROCÉDÉ DE DIVERSION ASSEZ EFFICACE : LE COUP DU MATCH DE BOXE.
OH LE VILAIN LULU! OH QU'IL EST COLÈRE! POUM!
POUM! POUM! LE VILAIN LULU! POUM!
POUM! OH! LE VILAIN!
POUM LE LULU!
POUM
HI! HI! POUM! LE VILAIN PAPA!
POUM!

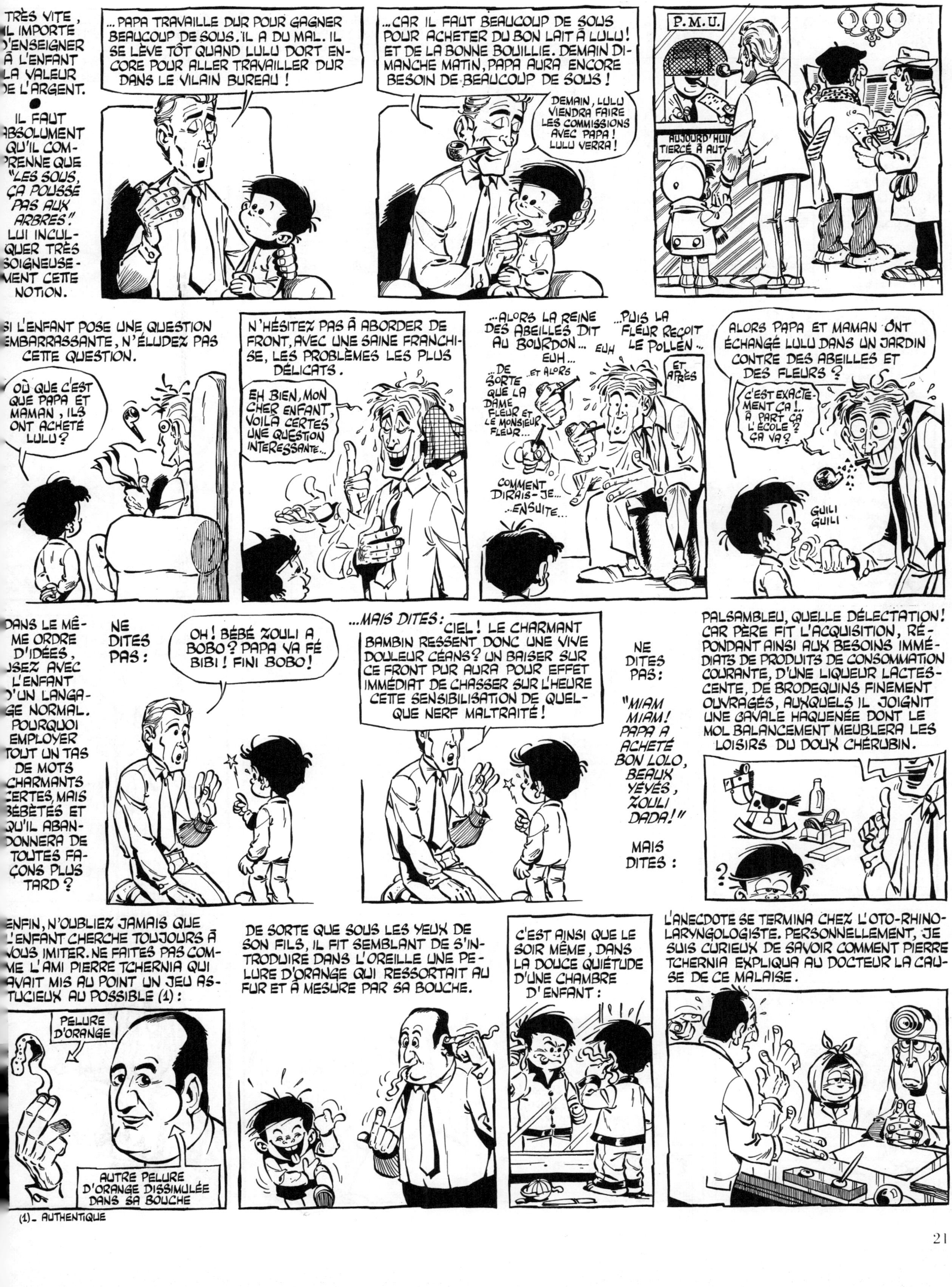
TRÈS VITE, IL IMPORTE D'ENSEIGNER À L'ENFANT LA VALEUR DE L'ARGENT.
IL FAUT ABSOLUMENT QU'IL COMPRENNE QUE "LES SOUS, ÇA POUSSE PAS AUX ARBRES". LUI INCULQUER TRÈS SOIGNEUSEMENT CETTE NOTION.
...PAPA TRAVAILLE DUR POUR GAGNER BEAUCOUP DE SOUS. IL A DU MAL. IL SE LÈVE TÔT QUAND LULU DORT ENCORE POUR ALLER TRAVAILLER DUR DANS LE VILAIN BUREAU !
...CAR IL FAUT BEAUCOUP DE SOUS POUR ACHETER DU BON LAIT À LULU ! ET DE LA BONNE BOUILLIE. DEMAIN DIMANCHE MATIN, PAPA AURA ENCORE BESOIN DE BEAUCOUP DE SOUS !
DEMAIN, LULU VIENDRA FAIRE LES COMMISSIONS AVEC PAPA ! LULU VERRA !
P.M.U.
AUJOURD'HUI TIERCÉ À AUT
SI L'ENFANT POSE UNE QUESTION EMBARRASSANTE, N'ÉLUDEZ PAS CETTE QUESTION.
OÙ QUE C'EST QUE PAPA ET MAMAN, ILS ONT ACHETÉ LULU ?
N'HÉSITEZ PAS À ABORDER DE FRONT, AVEC UNE SAINE FRANCHISE, LES PROBLÈMES LES PLUS DÉLICATS.
EH BIEN, MON CHER ENFANT, VOILÀ CERTES UNE QUESTION INTÉRESSANTE...
...ALORS LA REINE DES ABEILLES DIT AU BOURDON... EUH...
EUH
...PUIS LA FLEUR REÇOIT LE POLLEN...
...DE SORTE QUE LA DAME FLEUR ET LE MONSIEUR FLEUR...
...ET ALORS
ET APRÈS
COMMENT DIRAIS-JE... ...ENSUITE...
ALORS PAPA ET MAMAN ONT ÉCHANGÉ LULU DANS UN JARDIN CONTRE DES ABEILLES ET DES FLEURS ?
C'EST EXACTEMENT ÇA !.. À PART ÇA L'ÉCOLE ? ÇA VA ?
GUILI GUILI
DANS LE MÊME ORDRE D'IDÉES, USEZ AVEC L'ENFANT D'UN LANGAGE NORMAL. POURQUOI EMPLOYER TOUT UN TAS DE MOTS CHARMANTS CERTES, MAIS BÉBÊTES ET QU'IL ABANDONNERA DE TOUTES FAÇONS PLUS TARD ?
NE DITES PAS :
OH ! BÉBÉ ZOULI A BOBO ? PAPA VA FÉ BIBI ! FINI BOBO !
...MAIS DITES :
CIEL ! LE CHARMANT BAMBIN RESSENT DONC UNE VIVE DOULEUR CÉANS ? UN BAISER SUR CE FRONT PUR AURA POUR EFFET IMMÉDIAT DE CHASSER SUR L'HEURE CETTE SENSIBILISATION DE QUELQUE NERF MALTRAITÉ !
NE DITES PAS :
"MIAM MIAM ! PAPA A ACHETÉ BON LOLO, BEAUX YEYÉS, ZOULI DADA !"
MAIS DITES :
PALSAMBLEU, QUELLE DÉLECTATION ! CAR PÈRE FIT L'ACQUISITION, RÉPONDANT AINSI AUX BESOINS IMMÉDIATS DE PRODUITS DE CONSOMMATION COURANTE, D'UNE LIQUEUR LACTESCENTE, DE BRODEQUINS FINEMENT OUVRAGÉS, AUXQUELS IL JOIGNIT UNE CAVALE HAQUENÉE DONT LE MOL BALANCEMENT MEUBLERA LES LOISIRS DU DOUX CHÉRUBIN.
?
ENFIN, N'OUBLIEZ JAMAIS QUE L'ENFANT CHERCHE TOUJOURS À VOUS IMITER. NE FAITES PAS COMME L'AMI PIERRE TCHERNIA QUI AVAIT MIS AU POINT UN JEU ASTUCIEUX AU POSSIBLE (1) :
PELURE D'ORANGE
AUTRE PELURE D'ORANGE DISSIMULÉE DANS SA BOUCHE
DE SORTE QUE SOUS LES YEUX DE SON FILS, IL FIT SEMBLANT DE S'INTRODUIRE DANS L'OREILLE UNE PELURE D'ORANGE QUI RESSORTAIT AU FUR ET À MESURE PAR SA BOUCHE.
C'EST AINSI QUE LE SOIR MÊME, DANS LA DOUCE QUIÉTUDE D'UNE CHAMBRE D'ENFANT :
L'ANECDOTE SE TERMINA CHEZ L'OTO-RHINO-LARYNGOLOGISTE. PERSONNELLEMENT, JE SUIS CURIEUX DE SAVOIR COMMENT PIERRE TCHERNIA EXPLIQUA AU DOCTEUR LA CAUSE DE CE MALAISE.
(1) - AUTHENTIQUE

le genre d'accident bête

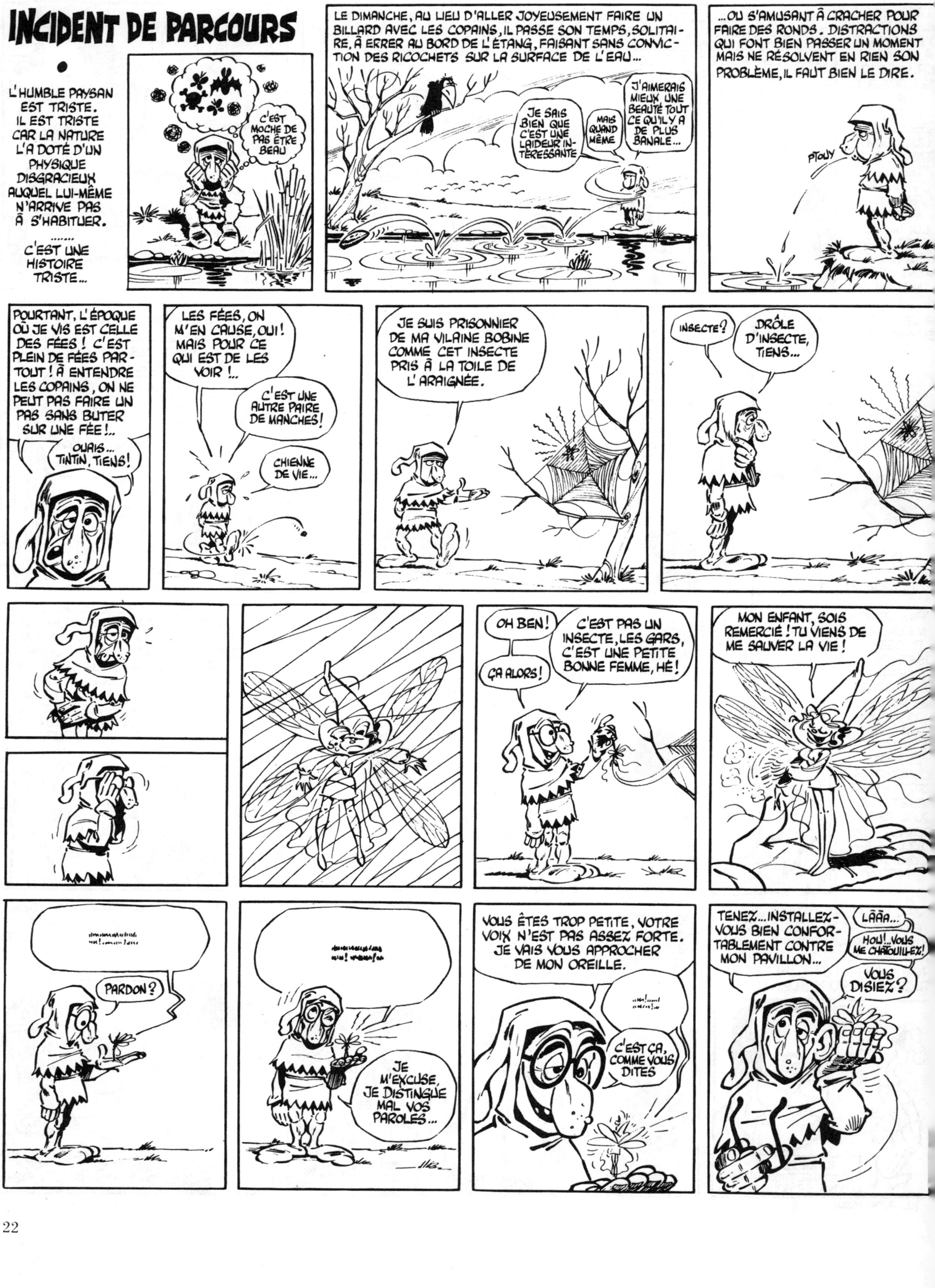

JE DISAIS : MON ENFANT, SOIS REMERCIÉ !... TU VIENS DE ME SAUVER LA VIE ! JE SUIS LA FÉE LIBELLULE !!
OUI
OUI
OUI
OUI
UNE FÉE !?
HÉ... OUPS !..
UNE FÉE ! VOUS ÊTES UNE FÉE ?! HÉ !.. VOUS AVEZ VU HEIN ? JE VOUS AI SAUVÉ LA VIE HEIN ?!
JE COMPRENDS TA SURPRISE MAIS DE GRÂCE, ÉVITE LES MOUVEMENTS BRUSQUES ! TU M'AS FAIT PERDRE L'ÉQUILIBRE !
HÉHO !
EXCUSEZ-MOI...
PAM PAM PAM
ÇA IRA ?
ÇA IRA OUI...
ALORS, COMME ÇA, VOUS ÊTES UNE FÉE ?
OUI !.. ET LA BONNE ACTION QUE TU VIENS DE FAIRE MÉRITE UNE RÉCOMPENSE !
BOAH... PENSEZ-VOUS...
À MOINS QUE VOUS INSISTIEZ
JE T'AUTORISE DONC À FORMULER UN SOUHAIT QUE JE TÂCHERAI D'EXAUCER AU MIEUX... JE T'ÉCOUTE.
PAS POSSIBLE, EH BEN, SI JE M'ATTENDAIS À CELLE-LÀ.
HUM... EUH... EH BEN... VOILÀ : MOI, CE QUI ME PLAIRAIT... ÇA SERAIT D'ÊTRE BEAU... MAIS ALORS, LE GENRE... EUH... COMME UN DIEU GREC, QUOI... VOUS VOYEZ CE QUE JE VEUX DIRE...
EUH...
SI CE N'ÉTAIT PAS ABUSER
ENFIN... JE VEUX DIRE...
ENFIN... BEAU QUOI...
JE VEUX DIRE...
CECI ME PARAÎT ÊTRE UN SOUHAIT RAISONNABLE, ET TOUT À FAIT DANS MES CORDES.
VRAI !?
JE TE DEMANDE SIMPLEMENT UNE MINUTE, JUSTE LE TEMPS D'ALLER CHERCHER MA BAGUETTE MAGIQUE QUE J'AI LAISSÉE À LA MAISON.
J'OSE À PEINE Y CROIRE !
NE BOUGE PAS D'ICI, JE NE FAIS QUE L'ALLER ET RETOUR !
VOUS PENSEZ SI JE VAIS BOUGER !
À TOUT DE SUITE !
KLOP
C'EST BIEN MA VEINE... POUR UN COUP QUE JE TOMBE SUR UNE FÉE, IL FAUT QUE ÇA SOIT LA FÉE LIBELLULE !
PAS DE DANGER QUE ÇA AURAIT ÉTÉ LA FÉE ÉLÉPHANT... OU LA FÉE RHINOCÉROS...
PFFFF
ET L'HUMBLE PAYSAN CONTINUA SA MORNE PROMENADE, UN INSTANT INTERROMPUE, SE REPLONGEANT AVEC AMERTUME DANS SES PENSÉES MOROSES ET DÉSABUSÉES... C'EST UNE HISTOIRE TRISTE...
AAAH LA LA... C'EST QUAND MÊME MOCHE DE PAS ÊTRE BEAU...

shakespeare via trifouillis-les-oies

J'AVIONS TOUT COMPRIS, L' FERDINAND ! TU VOULIONS T' INTERPOSER SUR NOT' BEL AMOUR !.. EH BEN SI C'EST ÇA : J'M' EN VÂS L'ENLEVER LA MARION !
ÇA, C'EST POINT MES OIGNONS. MAIS FAIS-LE EN SILENCE.
LA MARION ! VIENS DONC VOUÈRE-LÂ, UN PEU, QUE J' T' ENL'VIONS, ACRÉ BON SANG !
J'AVIONS POINT FINI E-L' RANG, MON CÂDET
S'RA PAS DIT QUE J' LAISSERIONS IMPUNÉMENT TOUT LE MONDE BAFOUER ET INTERPOSER SUR NOT' PUR AMOUR !
ET AÏE DONC
AAAAH LA MARION !.. ON VA-T-Y EN VIVRE UN CRÉNOM D'MERVEILLEUX ROMAN, TOUS LES DEUX TOUT SEULS, RIEN QU'TOUÉ PIS MOUÉ !
E-L' GÉDÉON, SI C'EST-Y QU'TU POURRIONS ME REPOSER... J'AVIONS E-L'SANG À LA TÊTE
CIEL, MON COEUR BAT À TOUT ROMPRE
EH BEN, V'LÂ QU'TU CAUSES ÉTRANGER, À C'T'HEURE, MON CÂDET ?
E-L' FOND D'L'AIR, L'ÉTIONS FRAIS
AH, LA MARION ! E-J' SENS BEN QU' NOTRE AMOUR VA ÊTRE BAFOUÉ DESSUS PAR LE MONDE ENTIER !
C'EN ÉTIONS TROP ! TOUT CE QU'IL NOUS RESTIONS À FAIRE, C'EST DE MOURIR ENSEMBLE !.. PARTAGEONS-NOUS SUR L'HEURE CE CHAMPIGNON VÉNÉNEUX, VARIÉTÉ PEU CONNUE D' AMANITE PHALLOÏDE DONT LA VIRULENCE N'EST PLUS À DÉMONTRER... C'EST-Y POINT UNE BONNE IDÉE ?
TOUÉ D'ABORD, LA MARION... APRÈS ÇA, JE TE REJOINDRIONS DANS UN MONDE MEILLEUR !
NON MERCI, L' GÉDÉON. VIENS VOUÈR UN PEU QUE JE T'ESSAIE TON PULOVÈRE
QUIENS
BOUGE POINT MON CÂDET...
MMM.. J'AVIONS QUÉQU' MAILLES E-D'TROP, LÂ...
J'M'EN VÂS LES R'PRENDRE SU' L'DOS
BON... EUH... QUIENS... V'LÂ TA PART E-D' CHAMPIGNON...
NON MERCI
BON BEN... LA MOITIÉ D' LA MOITIÉ ALORS ?... HEIN ?..
NON. SANS FAÇONS L' GÉDÉON. LES CHAMPIGNONS, ÇA ME DONNE E-D'L'URTICAIRE..
UN P'TIT COUP E-D' GNOLE, ÇA S'RAIT POINT D'REFUS
CRAC
BON ALORS... UNE TITE TCHOTTE MIETTE E-D'RIEN DU TOUT, ALORS ?
MAIS BOUGRE E-D' CABOCHARD, NON ! QUE J'TE DIS !.. OOOOH... MAIS DIS DONC VOUÈR... ÇA FILE E-L'TEMPS, ÇA FILE !..
C'EST L'MOMENT D'ALLER TRAIRE LES VAQUES, À C'T'HEURE !
BON... JE TE LAISSIONS !.. À DEMAIN, COMME D'HABITUDE, APRÈS E-L'MESSE !
À LA R'VOYURE MON CÂDET !
E-SNIF
NOM DE D'LÂ, J'AIMERIONS BEN RENCONTRER E-L'DÉNOMMÉ CHAQUÉSPÉARE EN FACE !.. J'AURAIS BEN DEUX MOTS À LUI BAFOUER, MOUÉ, QUIENS.
ACRÉ VINGUIEUX

quatre trouvailles

NOUS VOICI DE NOUVEAU TRANSPORTÉS DANS UNE ÉPOQUE RECULÉE : AU XIVe SIÈCLE. EN CE TEMPS-LÀ, LES PLAISIRS DE LA TABLE ÉTAIENT BIEN DIMINUÉS DU FAIT QU'ON NE CONNAISSAIT PAS ENCORE LES ÉPICES.
C'EST PAS QUE C'EST MAUVAIS, VOYEZ-VOUS... MAIS ON SENT QU'IL MANQUE QUELQUE CHOSE...
ET PUIS, IL Y EUT LA BOMBE !.. MARCO POLO, DE RETOUR DE SES VOYAGES, RAPPORTA AVEC LUI UN TAS DE CHOSES INCONNUES, DONT UNE MYSTÉRIEUSE POUDRE DE COULEUR GRISE.
CETTE POUDRE AVAIT LA FACULTÉ DE RELEVER DÉLICIEUSEMENT LE GOÛT DES METS SUR LESQUELS ON EN METTAIT.
DANS CE BUT, MARCO POLO EN TRANSVASA UN PEU DANS UN PETIT RÉCIPIENT DE FORME CYLINDRIQUE DONT IL PERÇA LE COUVERCLE CE QUI, DANS SON ESPRIT, DEVAIT PERMETTRE AU CONTENU DU-DIT RÉCIPIENT DE S'EN ÉCHAPPER EN PETITE QUANTITÉ.
C'EST MÉCHAMMENT INTÉRESSANT LES GARS
ET LÀ OÙ IL Y A DE QUOI EN TOMBER SUR LES FESSES, SI VOUS VOULEZ ME PASSER L'EXPRESSION, C'EST QUE LE SYSTÈME FONCTIONNA EXACTEMENT COMME C'ÉTAIT PRÉVU.
ÇA MARCHE LES AMIS ! ÇA MARCHE !
SEULE OMBRE AU TABLEAU, CETTE POUDRE GRISE ÉTANT TRÈS LÉGÈRE SE RÉPANDAIT DANS L'ATMOSPHÈRE, VENANT INCOMMODER LES FOSSES NASALES DE L'UTILISATEUR.
PCHIII APCHI APCHI
POUR REMÉDIER À CE LÉGER INCONVÉNIENT, MARCO POLO EUT L'IDÉE, SIMPLE MAIS GÉNIALE, DE SE PRÉSERVER LE NEZ DE LA MAIN GAUCHE TANDIS QU'IL ACTIONNAIT SON SYSTÈME DE LA MAIN DROITE.
(IDÉE SIMPLE MAIS GÉNIALE)
ET C'EST DEPUIS CE JOUR QUE NOUS CONTINUONS À ACCOMPLIR AUTOMATIQUEMENT CE GESTE, MÊME SANS RIEN TENIR DE LA MAIN DROITE, DÈS QUE NOS FOSSES NASALES SONT INCOMMODÉES PAR QUOI QUE CE SOIT.
DERNIÈRE TROUVAILLE SUBLIME, ET APRÈS, VOUS POURREZ ALLER JOUER. DEUX ENFANTS S'ENNUIENT DANS L'ITALIE DE LA RENAISSANCE. L'UN D'EUX EST... MAIS OUI... C'EST BIEN SÛR... LÉONARD DE VINCI !..
HA LÀ LÀ... QU'EST-CE QU'ON SE FAIT SUER...
SILENCE ! LAISSE-MOI RÉFLÉCHIR !
LE JEUNE LÉONARD, QUI N'ÉTAIT CERTES PAS ENCORE LE GÉNIE QUE NOUS CONNAISSONS, MAIS QUI, DÉJÀ, ÉTAIT LOIN D'ÊTRE SOT, S'ÉCRIA SOUDAIN :
J'AI UNE IDÉE !
IL TRAÇA SUR LE SOL À L'AIDE D'UNE CRAIE, UNE FIGURE COMPOSÉE DE PLUSIEURS CASES, SOUS L'OEIL ADMIRATIF DE SON PETIT CAMARADE.
C'EST UN JEU. JE VAIS TE L'EXPLIQUER...
OH OUI OH OUI
VOILÀ. LES CASES OÙ IL Y A UN "L" SONT À MOI. CELLES OÙ IL Y A UN "W" (1) SONT À TOI. IL FAUT LANCER CE PALET DE FAÇON À CE QU'IL S'ARRÊTE EXACTEMENT DANS UNE DE NOS CASES. T'AS COMPRIS ?
RIEN DU TOUT
(1). LE PETIT CAMARADE DE LÉONARD S'APPELLE WILFRID.
REGARDE, PAR EXEMPLE, JE LANCE... HOP !.. HA... C'EST RATÉ, ÇA VA PAS, JE SUIS CHEZ TOI.
HA OUI D'ACCORD D'ACCORD
ALORS APRÈS, ON POURRA COMPLIQUER LE JEU EN LANÇANT LE PALET, UNE JAMBE LEVÉE... COMME ÇA... HOP !.. ENCORE RATÉ !.. JE L'AI ENVOYÉ CHEZ TOI, ÇA VA PAS...
C'EST PAS FACILE !
HI HI C'EST CHOUETTE C'EST CHOUETTE
OU ALORS, ON PEUT AUSSI LEVER UNE JAMBE ET FERMER UN OEIL... HOP !.. FLÛTE !.. ÇA VA PAS !.. JE ME RETROUVE ENCORE CHEZ TOI !
OUAH, TERRIBLE HÉ TERRIBLE
OH, MAIS ÇA FILE !
TIENS... ENCORE PLUS DUR... JE LÈVE UNE JAMBE, JE FERME UN OEIL, ET JE PLACE MON INDEX ICI... ET... HOP !.. HA, CROTTE, ENCORE RATÉ !.. ÇA VA PAS !.. CHEZ TOI !..
DIS-DONC, TU N'ES PAS TRÈS HABILE À CE JEU
BON. MOI JE M'TIRE
OUI, CERTES, LÉONARD N'ÉTAIT PAS TRÈS HABILE À CE JEU, MAIS QU'IMPORTE !.. CAR IL VENAIT D'INVENTER CE GESTE ET CETTE PHRASE QUE LE MONDE ENTIER RÉPÈTE DEPUIS :
ÇA VA PAS, CHEZ TOI ?
ET MAINTENANT, VOICI LA VÉRITÉ : TOUT CE QUE VOUS VENEZ DE LIRE, C'EST MÊME PAS VRAI. JE VOUS AI BIEN EUS.

le piano

LORSQUE LES PRÉHISTORIENS DÉCOUVRIRENT AVEC ÉMERVEILLEMENT LES GRAVURES RUPESTRES DE LASCAUX, ILS REMARQUÈRENT, PARMI LES NOMBREUX DESSINS, CELUI-CI, QUI LES INTRIGUA FORT :
RECONSTITUÉ PAR L'IMAGINATION, CE DOCUMENT RÉVÉLA UN ÉTRANGE INSTRUMENT À LA TECHNOLOGIE PRIMITIVE.
UTILISATEUR DE LA MACHINE
MASSUE
PÉDALE SUSCEPTIBLE D'ÊTRE ABAISSÉE
ESCLAVE ENCHAÎNÉ
LE FONCTIONNEMENT TRÈS SIMPLE DE CET INSTRUMENT PUT ÊTRE IMAGINÉ TRÈS FACILEMENT AUSSI. RESTAIT UN MYSTÈRE : QUEL ÉTAIT SON BUT ?
AIR RAVI DE L'UTILISATEUR
SON PROFÉRÉ PAR L'ESCLAVE
ON CRUT LONGTEMPS À UN INSTRUMENT DE TORTURE.
ET PUIS, LA LUMIÈRE JAILLIT. MAINTENANT, SUIVEZ BIEN LE RAISONNEMENT CI-DESSOUS. NOUS REMPLAÇONS :
L'UTILISATEUR PAR UN DOIGT
LA MASSUE PAR UN PETIT MARTEAU
L'ESCLAVE PAR UNE CORDE EN ACIER
?
C'EST PAS MOI QUI M'EN PLAINDRAI
LA PÉDALE PAR UNE TOUCHE BLANCHE
LE MÉCANISME ÉTANT AINSI SIMPLIFIÉ, PLAÇONS-LE DANS UN MEUBLE AFIN DE LE PROTÉGER DE LA POUSSIÈRE.
ON S'APERÇOIT TRÈS VITE QU'IL RESTE BEAUCOUP DE PLACE. PROFITONS-EN POUR Y METTRE CÔTE-À-CÔTE DES TAS D'AUTRES PETITS INSTRUMENTS IDENTIQUES À CELUI DÉCRIT PLUS HAUT. ET QUE VOYONS-NOUS APPARAÎTRE SOUDAIN ?.. HEIN ?.
DEVANT NOS YEUX ÉBLOUIS ?
DEVINEZ
HEIN ?
HEIN ?
C'EST PAS MERVEILLEUX ÇA ?
DITES ?
HEIN ?
HEIN ?
DE CE QUI PRÉCÈDE, ON PEUT DÉDUIRE DEUX CHOSES : 1°) LE PIANO EST CONNU DEPUIS LES TEMPS LES PLUS RECULÉS. 2°) CE N'EST PAS ENCORE AUJOURD'HUI QUE LA R.A.B. CESSERA DE DÉBITER DES INSANITÉS.
LE PIANO EST AVANT TOUT UNE AFFAIRE DE DOIGTS. IL FAUT S'ENTRAÎNER DE LONGUES ANNÉES...
... POUR RÉUSSIR À COUVRIR LA PLUS GRANDE ÉTENDUE POSSIBLE SUR LE CLAVIER.
ET D'AILLEURS, LES PIANISTES, C'EST BIEN CONNU, ONT DE MAGNIFIQUES MAINS AUX LONGS DOIGTS FINS, ÉLÉGANTS, SOUPLES ET RACÉS.
EST-CE PARCE QU'ON A DE BELLES MAINS QU'ON EST PIANISTE ?.. EST-CE PARCE QU'ON EST PIANISTE QU'ON A DE BELLES MAINS ?.. NOUS NOUS TROUVONS LÀ DEVANT UN EXEMPLE TYPE DE VERTIGE MÉTAPHYSIQUE.
MOI-MÊME J'AI DU MAL À COMPRENDRE
DEUX EXÉCUTANTS PEUVENT JOUER EN MÊME TEMPS SUR UN CLAVIER DE PIANO. ON DIT ALORS QU'ILS JOUENT "À QUATRE MAINS".
PROFITONS-EN POUR PRENDRE UNE PETITE PAUSE MUSICALE. LE DUO BABYLAS VOUS INTERPRÈTE À QUATRE MAINS LA "LETTRE À ÉLISE" DE BEETHOVEN.
BRAVO MESSIEURS ET MERCI. NOUS VOICI PRÊTS À ASSISTER À LA SUITE DE LA CONFÉRENCE.

VOICI DIFFÉRENTES FAÇONS DE JOUER DU PIANO :
STYLE PIANISTE DE JAZZ COOL :
STYLE PIANISTE DE SALOON :
STYLE ACCORDÉONISTE QUI SE TROMPE D'INSTRUMENT :
ET VAS-Y DUDULE
TSOIN TARIA TARIA TATSOIN
VOICI QUELQUES POSITIONS-CLÉS DE DOIGTS. SI VOUS LES RÉPÉTEZ DANS L'ORDRE, VOUS AUREZ LA JOIE ET LA FIERTÉ D'ENTENDRE "LE CONCERTO EN RÉ MAJEUR" DE GUERCHOUINE.
MAIS SOUDAIN, JE SENS COMME UNE CERTAINE LASSITUDE DANS L'ASSISTANCE. C'EST LE MOMENT DE PRENDRE UNE PAUSE MUSICALE. VOICI LA SONATINE Nº 34 DE MOZART, INTERPRÉTÉE À QUATRE MAINS PAR LE TRIO HAMSFXL.
BRAVO MESSIEURS. BRAVO ET MERCI. C'ÉTAIT TRÈS JOLI.
APRÈS CET INTERMÈDE, REPRENONS LE COURS DE NOTRE CONFÉRENCE. —
IL Y A DIFFÉRENTES VARIÉTÉS DE PIANOS. EN VOICI QUELQUES-UNES :
PIANO GUÉRIDON
PIANO BAIGNOIRE
PIANO ESCAMOTABLE. (POUR APPARTEMENT EXIGÜ)
PIANO FARCE
PIANO "RAS-DU-SOL" (POUR VIRTUOSE CUL-DE-JATTE)
PIANO DE MONTAGNE.
SIGNALONS AUSSI LE PIANO DE BUREAU, QUI PERMET À UNE SECRÉTAIRE DE JOUER SES MORCEAUX FAVORIS TOUT EN TAPANT SON COURRIER. ORIGINAL.
MAIS TOUT-À-COUP, NE VOILÀ-T-Y PAS QUE JE SENS BAISSER L'ATTENTION DE L'AUDITOIRE ?.. QU'EST-CE À DIRE ? QU'À CELA NE TIENNE, PRENONS UNE PAUSE MUSICALE AVEC LE DUO GNOGNO, QUI INTERPRÈTE À QUATRE MAINS LA MAZURKA EN UT DE CHOPIN.
BRAVO MESSIEURS. BRAVO BRAVO BRAVO. C'ÉTAIT TRÈS TRÈS TRÈS TRÈS JOLI.
CETTE PETITE RÉCRÉATION NOUS AYANT TOUS DÉTENDUS, NOUS VOICI DE NOUVEAU DANS UNE FORME ÉBLOUISSANTE POUR ABORDER LA SUITE DE NOTRE... AH PARDON, C'EST FINI.
PAN

tout ça n'est pas très clair

VOUS AVEZ REMARQUÉ QUE LES FEUILLETONS-TÉLÉ AMÉRICAINS COMPORTENT TOUJOURS UNE SÉQUENCE PRÉ-GÉNÉRIQUE. (AINSI NOMMÉE PARCE QU'ELLE SE SITUE AVANT LE GÉNÉRIQUE) OR, C'EST BIEN SOUVENT DANS CETTE SÉQUENCE QUE SONT PRÉSENTÉS LES FAITS, ÉLÉMENTS ET PERSONNAGES DONT IL VA ÊTRE QUESTION TOUT AU LONG DE L'HISTOIRE PROPREMENT DITE. C'EST UN SYSTÈME ÉPATANT, À CONDITION DE NE PAS LA RATER, CETTE SÉQUENCE. TENEZ, MOI, L'AUTRE SOIR, J'AI PRIS UN FEUILLETON JUSTE APRÈS LE GÉNÉRIQUE. EH BEN, CROYEZ MOI OU PAS, ÇA A DONNÉ À PEU PRÈS ÇA.

EH BIEN, MONSIEUR DAN HOWLAND !.. ON JOUE AU PLOMBIER ?..
JE NE SUIS PAS MÉCONTENT DE MON PETIT SUBTERFUGE... HA! HA! HA! HA!.. CAR VOYEZ-VOUS : C'ÉTAIT SIX PIEDS, CINQ POUCES !!.. ET NON LE CONTRAIRE !!..
CANAILLE !
HA! HA! HA! HA! HA!
PAS SI VITE DAN !
LUDMILLA !
VOUS AVEZ EU TORT DE NE PAS ÉCOUTER MES CONSEILS !
AINSI DONC, VOUS JOUIEZ DOUBLE JEU !.. TS-TS-TS... COMME CELA ME DÉÇOIT !..
ALLONS, PAS DE MORALE JE VOUS PRIE !.. CE N'EST PAS À VOUS QUE J'APPRENDRAI QUE DANS UNE AFFAIRE COMME CELLE-CI, C'EST CHACUN POUR SOI !
... CAR SI VOUS VOUS ÊTES LAISSÉ PRENDRE AU PIÈGE DE CE DICTATEUR D'OPÉRETTE, J'AVAIS, MOI, DEVINÉ DEPUIS LONGTEMPS QUE C'ÉTAIT SUR SIX PIEDS ET CINQ POUCES, QU'IL FALLAIT TABLER !
ET N'APPROCHEZ PAS ! J'AI LA GÂCHETTE FACILE !
ATTENTION LUDMILLA ! DERRIÈRE LA COLONNE !!
AAAHHHRRR
PENG
MON DIEU !
LUDMILLA !.. JE SUIS FIER DE VOUS !
OH DAN ! COMME J'AI EU PEUR !
PEUT-ÊTRE POURRONS-NOUS SONGER MAINTENANT À CE PETIT DÉTOUR PAR BOMBAY...
HÉ !.. DAN !..
ATTENTION CHÉRI... VOILÀ QUELQU'UN...
... JE VIENS DE VÉRIFIER... ÇA FAIT CINQ PIEDS CINQ POUCES !..
CLIK !
HA! ... MAIS J'AI PU ME TROMPER ! HA! HA! HA! HA!
SACRÉ GROOVY !
QU'IL EST BÊTE !
HA! HA! HA! HA! HA! HA!
FIN
S'IL Y EN A QUI ONT VU CE FEUILLETON DANS SA TOTALITÉ, (SÉQUENCE PRÉ-GÉNÉRIQUE COMPRISE) ILS SERAIENT BIEN GENTILS DE ME DONNER QUELQUES ÉCLAIRCISSEMENTS.

malédiction !

L'ENFANT NE SE DOUTAIT PAS ENCORE QUE LES DÉMONS DE L'ENFER L'AVAIENT DÉSIGNÉ DU DOIGT...
UN MÉTÉORE FLAMBOYANT S'ABATTIT, DÉTRUISANT IRRÉMÉDIABLEMENT SON FRAGILE CHEF-D'OEUVRE ...
SCHTONK
?
OUAAAAH !!
DONNERWAITTER! OBERLOYTNANT!!
ZNIF
OUAAH!!
ZNIF
SAKRAMENTO
C'EST AINSI QUE L'ENGIN MALÉFIQUE CONTINUA SA ROUTE MAUDITE ...
À QUELQUES MÈTRES DE LÀ, MÉDÖREN, CHIEN BÂTARD AU COEUR PUR, SOMMEILLAIT EN PAIX, QUAND SOUDAIN ...
KLOMP
...ET L'OBJET D'ENFER ROULA LENTEMENT VERS UNE GRILLE D'ÉGOÛT...
ÄRFEN! ÄRFEN! AUS-GE ÄRFEN!
RRRRRR
... ET PIS ALORS APRÈS, LA DAMNATION QUI CONTINUE ENCORE...
JUSTE SOUS LA GRILLE, GRÈTCHEN, ARAIGNÉE DE BONNE FAMILLE, PREND LE FRAIS AU BORD DE SA TOILE ...
...ET PAN, ÇA REMET ÇA.
WAS IS DAS?
ACH!
MOI QUI CROYAIS QUE C'ÉTAIT UNE GROSSE MOUCHE!
AU FOND DE L'ÉGOÛT, SUR LA BERGE, GÜSTAF, RAT DE PURE RACE, FAIT UNE PETITE SIESTE.
RON ZZZ
PAF, LE MACHIN DAMNÉ QUI TRIMBALLE SA MALÉDICTION, EUH ...
GRAT GRAT
AUS-GE-KAÏ!
KLANG
...ET LE BOUCHON TOMBANT DANS L'EAU SALE, EST ENTRAÎNÉ PAR LE COURANT.
L'ÉGOÛT SE DÉVERSE DANS LE DANUBE. MAGDA SCHWEINHUNT, UNE CARPE QUE L'IDÉE MÊME DU MAL N'EFFLEURAIT JAMAIS, VIT ARRIVER LA CHOSE ROUGE.
ACH! DÉLIKATESSEN! MIAM-MIAM!
KLOP. ELLE LA GOBE.
MUNTCH
KRONTCH
MONTCH
RÉSULTAT : UNE INDIGESTION CARABINÉE.
BUUÈÈÈÈ
BORF
RESTITUÉ PÉNIBLEMENT PAR LA CARPE, LE BOUCHON DE RADIATEUR S'ÉCHOUA DANS LA VASE. L'EAU COMMENÇA À LE ROUILLER. DES ANNÉES PASSÈRENT. LA MALÉDICTION AVAIT-ELLE PRIS FIN ?..
NON!.. CAR UN TRAGIQUE REBONDISSEMENT DEVAIT SE PRODUIRE LE 28 AOÛT 1959. UNE DES PARTICULES ARRACHÉES PAR LA ROUILLE FUT ENTRAINÉE PAR L'EAU À QUELQUES CENTIMÈTRES DE LÀ...
RON
LOLITA, UNE AMIBE À LA CONDUITE IRRÉPROCHABLE, INGÉRA CETTE PARTICULE, LA PRENANT POUR UN PLANCTON.
LOLITA EN CONTRACTA UNE GRAVE OCCLUSION INTESTINALE DONT ELLE GUÉRIT DIFFICILEMENT.
ACH! GROSS MALHEUR
POUR L'INSTANT, LES CHOSES EN SONT LÀ. MAIS JE SUIS SÛR QUE LE SOUFFLE DAMNÉ QUI ANIMAIT LE BOUCHON DE RADIATEUR ROUGE SANG RÔDE ENCORE. IL NE FAUT MÊME PAS EN PARLER, SOUS PEINE D'ÉVEILLER LES FANTÔMES MAUDITS QUI SOMMEILLENT... TENEZ... QU'EST-CE QUE JE DISAIS... VOILÀ QUE J'AI ATTRAPÉ LE HOQUET... JE ME SIGNE FURTIVEMENT...

le crocodile

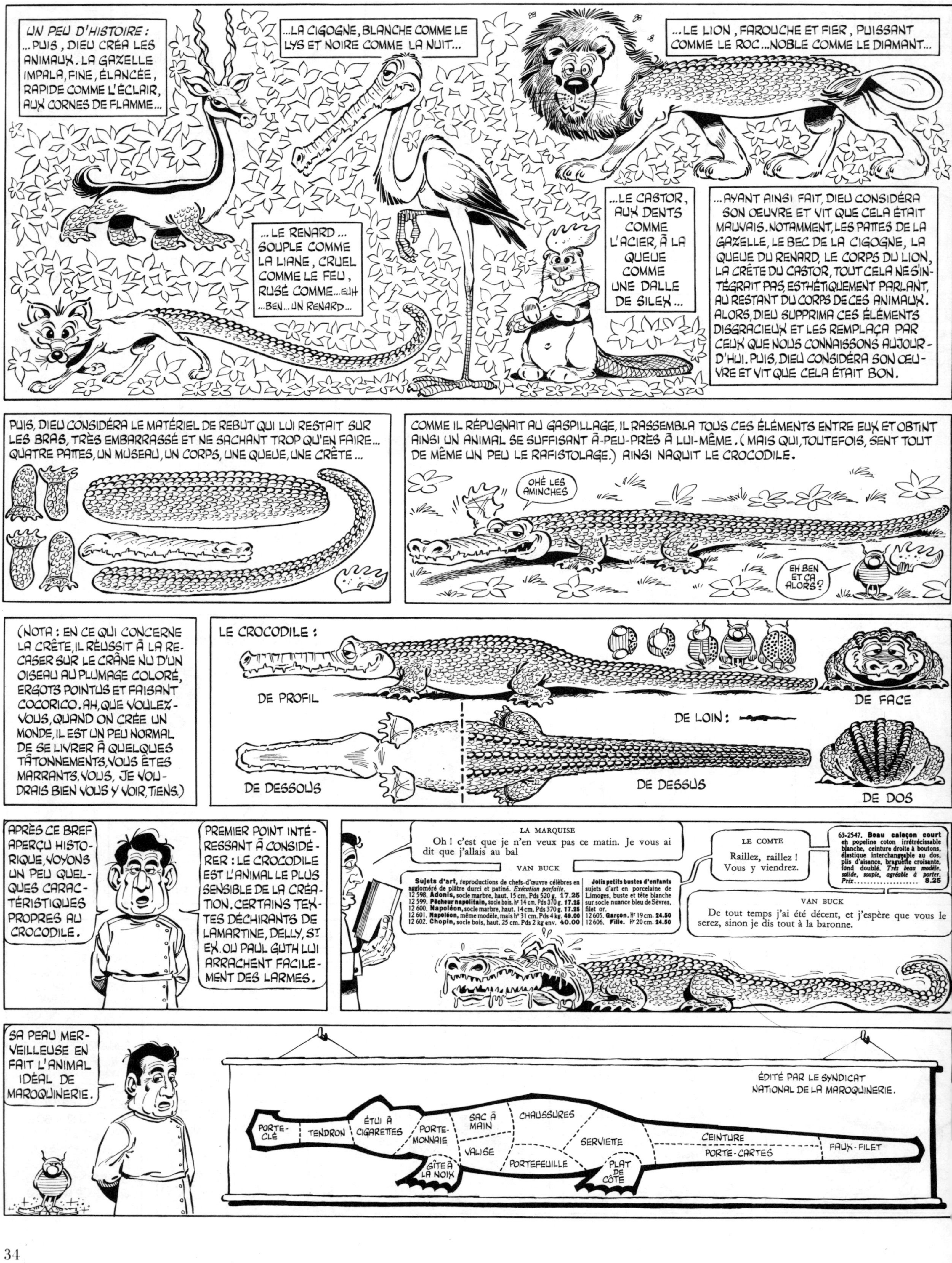

IL Y A UNE HISTOIRE COMPLÈTEMENT IDIOTE QUI COURT LES RUES, C'EST CELLE DU CROCODILE QUI SE MANGE LA QUEUE...
...JUSQU'À CE QU'IL NE RESTE PLUS RIEN
CE GENRE DE BALIVERNE N'EST BON QU'À JETER LE TROUBLE DANS DE JEUNES ESPRITS. EN RÉALITÉ, LE CROCODILE NE PEUT LOGIQUEMENT PAS SE MANGER EN TOTALITÉ. IL RESTE TOUJOURS AU MOINS LA TÊTE :
BURP
...ET À CE MOMENT-LÀ, L'ANIMAL SOMBRE DANS UN PROFOND SOMMEIL DURANT LEQUEL ...
...IL DIGÈRE SON PROPRE CORPS, (QU'IL VIENT, NE L'OUBLIONS PAS, D'INGURGITER), LEQUEL CORPS SE MET ALORS TOUT DOUCEMENT À REPOUSSER.
C'EST EXACTEMENT LE MÊME PHÉNOMÈNE QUE LA QUEUE CASSÉE DU LÉZARD. EN FAIT, UN CROCODILE, C'EST JAMAIS QU'UN GROS LÉZARD.
VOICI RÉTABLIE LA VÉRITÉ SUR LE CROCODILE QUI SE MANGE LA QUEUE.
OH LA BELLE QUEUE APPÉTISSANTE !
POUR NEUTRALISER UN CROCODILE, RIEN DE PLUS SIMPLE. SE MUNIR D'UNE SOLIDE BARRE DE BOIS DE 60 À 70 CENTIMÈTRES DE LONG.
ENSUITE, ENTONNER UNE BERCEUSE :
très doux
Fais do - do, Co - lin, mon pe
AAAAAAOOUUUFF
L'EFFET NE SE FAIT PAS ATTENDRE : L'ANIMAL SE MET À BAILLER. SAISIR ALORS LA BARRE DE BOIS BIEN EN MAIN...
...ET LE TOUR EST JOUÉ.
CETTE TECHNIQUE EST DITE DU "COUP DE BARRE".
BONG
LE CROCODILE, ANIMAL AQUATIQUE, EST PARTICULIÈREMENT DANGEREUX DANS L'EAU. TARZAN SEUL, GRÂCE À UNE LONGUE PRATIQUE, OSE ENGAGER AVEC LUI LE CORPS-À-CORPS DANS L'ÉLÉMENT LIQUIDE.
OYIOYIOOOO
BOM BOM BOM
ET ENCORE, IL S'EN FAUT PARFOIS D'UN CHEVEU QU'IL NE SUCCOMBE.
POUR FINIR, SIGNALONS QU'OUTRE SA SENSIBILITÉ, SA MAROQUINERICITÉ ET SON AQUATICITÉ, LE CROCODILE EST UN DES RARES ANIMAUX DOUÉS DE TÉLESCOPICITÉ.
RRRRIIIIPP
RRRIIIIPP
RRRIIII PPP
RRRIIIIPPP
CE QUI OFFRE DE MULTIPLES AVANTAGES, NE SERAIT-CE QUE CELUI DE FACILITER SON TRANSPORT.

chanson d'hier

AH VOUS DIRAI - JE MAMAN
CE QUI CAUSE MON TOURMENT
ON PEUT DIRE QUE TU CHOISIS BIEN TON MOMENT, TOI !
DEPUIS QUE J'AI VU SYLVANDRE
ME REGARDER D'UN AIR TENDRE
MÂÂÂTIN
ACRÉ
VÉ LA PITCHOUNE
OUÂÂOUH
PTOÏNG
GASP
MON COEUR DIT À CHAQUE INSTANT
PEUT-ON VIVRE SANS AMANT ?
TU VOIS PAS QUE JE SUIS OCCUPÉE, NON ?
SCHNIRF
L'AUTRE JOUR DANS UN BOSQUET
DE FLEURS IL FIT UN BOUQUET
PTOUY
IL EN PARA MA HOULETTE
QUIENS
METS-TOI ÇA SUR LA HOULETTE
AH BEN TOI ALORS !
ME DISANT :
BELLE BRUNETTE
FLORE EST MOINS BELLE QUE TOI
L'AMOUR MOINS TENDRE QUE MOI
AH BEN T'ES FOU
JE ROUGIS ET ...
AH BEN IL EST PAS BIEN LUI
...PAR MALHEUR, UN SOUPIR ...
...TRAHIT MON COEUR
PFFOOUUUUUU
LE CRUEL AVEC ADRESSE
PROFITA DE MA FAIBLESSE
ACRÉ BRUNETTE, VA !
PLAF
HÉLAS MAMAN UN FAUX PAS
ME FIT TOMBER DANS SES BRAS
JE N'AVAIS POUR TOUT SOUTIEN
QUE MA HOULETTE ET MON CHIEN
T'ES COMPLÈTEMENT PAS BIEN TOI !
L'AMOUR VOULANT MA DÉFAITE
ÉCARTA CHIEN ET HOULETTE
AH QU'ON GOÛTE DE DOUCEUR
QUAND L'AMOUR PREND SOIN D'UN COEUR.
VA DONC NOURRIR LES OIES, AU LIEU DE JACASSER !

chanson d'aujourd'hui

"... C'EST ALORS QUE JE L'AI RECONNU ..."
FANFAN !
"... SURGISSANT DU PASSÉ IL M'ÉTAIT REVENU "...
FANFAN !
DIS ... FANFAN ... OH DIS ... EMMÈNE-MOI !.. RETOURNONS AU PAYS D'AUTREFOIS ... COMME AVANT, DANS MES RÊVES D'ENFANT, POUR CUEILLIR EN TREMBLANT DES ÉTOILES ... HIPS ... DES ÉTOILES ...
MAIS DIS-DONC, TOI ... T'ES PLEIN COMME UNE BARRIQUE ?..
TU VEUX BIEN ... HEIN ?
HIC
DIS-MOI QU'TU VEUX BIEN
"... COMME AVANT, DANS MES RÊVES D'ENFANT ... COMME AVANT, SUR UN NUAGE BLANC ..."
par gotlib
?
"... COMME AVANT ALLUMER LE SOLEIL "...
CLIK
"... ÊTRE FAISEUR DE PLUIE "...
... ET FAIRE ... HIC ... DES VERMEILLES ... EUH ... DES VER ... COMMENT DIRAIS-JE ... DES ... HIPS ... MERVEILLES ...
PFOUY !
HEIN ?
HIPS
TU VEUX BIEN, DIS
HIC
DIS MOI QU'TU M'AIMES OU J'ME COUCHE SUR LE TAPIS !
MON COCHON, TU PUES L'ALCOOL À 10 METRES !
HIPS
ALLEZ OUSTE ! DU VENT ! VA CUVER TON WHISKY, ON RECAUSERA DE TOUT ÇA QUAND TU SERAS À JEUN !
?
"... ET L'ÉLÉPHANT ROSE, DANS UN BRUISSEMENT D'AILES, PRIT SON VOL POUR REGAGNER LE CIEL."
SI C'EST PAS MALHEUREUX DE VOIR ÇA !.. QUAND JE PENSE AU DÉLICIEUX BAMBIN QUE C'ÉTAIT !
FLAP
FLAP
FLAP
FLAP
ON DEVRAIT PAS VIEILLIR, TIENS !
"DU COUP, JE ME SUIS RETROUVÉ COMPLÈTEMENT DESSOÛLÉ DANS LA RUE, AU BORD D'UN CANIVEAU QUE J'AVAIS PRIS POUR UN LAC, TELLEMENT J'ÉTAIS BEURRÉ !"
AH DIS-DONC ... TU PARLES D'UNE CUITE ...
BAH, C'EST PAS GRAVE, LES CUITES, C'EST COMME LES ÉLÉPHANTS EN PELUCHE, ÇA N'A QU'UN TEMPS. DEMAIN, IL N'Y PARAÎTRA PLUS. BON. EH BIEN JE VAIS TE LAISSER.
COMME ELLE AVAIT BEAUCOUP DE TRAVAIL, BARBARA RENTRA CHEZ ELLE AFIN DE SE REMETTRE TRÈS VITE À SON PIANO.
S'INSPIRANT DE CETTE HISTOIRE, ELLE COMPOSA UNE TRÈS BELLE CHANSON. BIEN ENTENDU, ELLE TRANSPOSA UN PEU, POUR ATTÉNUER, NOTAMMENT LE CÔTÉ TRIVIAL DE CETTE VISION ÉTHYLIQUE, MAIS L'IDÉE DE BASE EST RESTÉE, ET C'EST LE PRINCIPAL, CAR (C'EST BIEN LE CAS DE LE DIRE) QU'IMPORTE LE FLACON ... ETC ... COMME QUOI LES MYSTÈRES DES SOURCES D'INSPIRATION D'UN ARTISTE SONT VRAIMENT INSONDABLES. MAINTENANT, BIEN SÛR, RIEN NE VOUS OBLIGE À CROIRE À TOUT ÇA. EN TOUT CAS, JE PUIS VOUS ASSURER QUE PAR LA GRÂCE DE BARBARA, L'ÉLÉPHANT ROSE EST DEVENU :
L'AIGLE NOIR DANS UN BRUISSEMENT D'AILES PRIT SON VOL POUR REGAGNER LE CIEL ...

camouflage

DE TOUT TEMPS, LES MALFAITEURS ONT EU À LEUR DISPOSITION DIFFÉRENTS TRUCS POUR SE VOILER LE VISAGE.
MAIS AUCUN DE CES TRUCS N'A JAMAIS ÉTÉ AUSSI EFFICACE QUE LE DERNIER EN DATE : LE BAS DE FEMME.
UN BAS DE FEMME SUR UN VISAGE REND CELUI-CI EFFRAYANT ET TOTALEMENT MÉCONNAISSABLE.
SUR LE PLAN DE LA DISTRACTION PURE, CE PROCÉDÉ PERMET DÉJÀ AU DÉPART, DES FARCES AMUSANTES.
HÉ HÉ HÉ HÉ
DRING
COUCOU
AH C'EST TOI...
JE T'AVAIS PAS RECONNU... T'ES PAS FOU DE FAIRE DES BLAGUES IDIOTES COMME ÇA?!
BOM BOM BOM
IL FAUT INSISTER SUR LE FAIT QUE MÊME QUELQU'UN DE TRÈS PHYSIONOMISTE EST INCAPABLE...
...DE RECONNAÎTRE LE VISAGE D'UNE PERSONNE QUI Y A ENFILÉ UN BAS.
HÉ HÉ HÉ HÉ
DRING
COUCOU
AH C'EST TOI...
PFOU
IL CONVIENT TOUTEFOIS DE PRENDRE UN MINIMUM DE PRÉCAUTIONS EN ENFILANT LE BAS.
CERTAINES DISTRACTIONS PEUVENT EN EFFET AVOIR DES RÉSULTATS FÂCHEUX.
?
FOUCH

SE MÉFIER ÉGALEMENT DE SON ÉTAT DE SANTÉ, AU MOMENT D'ENFILER UN BAS SUR SA TÊTE.
AAAAA... AAAAT... AAATT...
TCHAOUM
SI VOUS ÊTES MALFAITEUR ET QUE VOUS AVEZ RÉUSSI UN CASSE, SACHEZ CONSERVER VOTRE CALME.
TOUT À LA JOIE DE VOTRE RÉUSSITE, NE RETIREZ PAS LE BAS AVEC TROP DE PRÉCIPITATION AVANT DE SORTIR DANS LA RUE. MÉFIEZ-VOUS DES GESTES TROP BRUSQUES.
SOUS PEINE D'ÊTRE TRÈS RAPIDEMENT REPÉRÉ.
UN INCONVÉNIENT, TOUTEFOIS, AVEC LES FEMMES.
ELLES SAVENT QUE LES BAS NYLON SONT TRÈS EXTENSIBLES.
AUTRE INCONVÉNIENT SI LA FEMME SE TROUVE ÊTRE UN PEU NYMPHOMANE SUR LES BORDS.
?
ENFIN, DERNIER POINT : ÉVITER LA LUTTE AU CORPS À CORPS. UN ADVERSAIRE PLUS ROBUSTE QUE VOUS, RISQUE DE VOUS DÉMASQUER ET C'EST LA TUILE : VOUS ÊTES RECONNU.
DRIING
FLÛTE, RECONNU.
?

le coût de la vie

MAIS L'AN DERNIER ÇA COÛTAIT QUE 75 MILLIONS ? COMMENT QUE ÇA SE FAIT ?
OUIIIIN, C'EST PAS D'MA FAUTE, C'EST À CAUSE DU TANNEUR !
POUR EN SAVOIR PLUS LONG NOUS NOUS SOMMES LIVRÉS À UNE ENQUÊTE AUPRÈS DU TANNEUR
SI JE VOUS DIS "Y'A BON", VOUS ME RÉPONDEZ ?
30 MILLIONS. ET SI ÇA VOUS PLAÎT PAS, DÉMERDEZ-VOUS AVEC L'ÉLEVEUR (1)
YOUPI
(1) C'EST PAS MOI QUI A COMMENCÉ À DIRE DES GROS MOTS DANS PILOTE, C'EST BRETÉCHER
1000 BÊTES ! COMBIEN ?
15 MILLIONS
ÇA VA PAS NON !?.. L'AN DERNIER C'ÉTAIT 7 MILLIONS ! POURQUOI ?!
POURQUOI ? TOUT SIMPLEMENT PARCE QUE LE VISON SE FAIT DE PLUS EN PLUS RARE, UN POINT, C'EST TOUT.
TIENS ? À QUOI C'EST DÛ ?
À QUOI C'EST DÛ ! À QUOI C'EST DÛ ! C'EST DÛ AU FAIT QUE LE VISON NE SE REPRODUIT PLUS COMME AVANT !.. ET C'EST DE VOTRE FAUTE !!..
DE NOTRE FAUTE ?
OUI ! VOUS ! LA TÉLÉ !.. J'AI INSTALLÉ DES TÉLÉVISEURS DANS LES CAGES POUR QUE LES PETITES BÊTES NE S'ENNUIENT PAS ! AH IL EST BEAU LE RÉSULTAT !.. IL EST BEAU !!..
AVEC TOUS VOS DÉBATS SUR L'AMOUR LIBRE, LA CONTRACEPTION, L'AVORTEMENT ET TOUT LE BATACLAN, CES PETITS SALAUDS SONT ATTEINTS DU VIRUS DE "L'AMOUR POUR L'AMOUR" !..
DELPHINE SEYRIG NOUS A FAIT UN TORT CONSIDÉRABLE !
OUI MONSIEUR ! C'EST LA GRANDE MISÈRE DE L'ÉLEVAGE DU VISON ! ILS NE COPULENT PLUS QUE POUR LE PLAISIR !! OUI MONSIEUR !! QUANT À LA REPRODUCTION, DES CLOPES !..
NON MAIS C'EST PAS BIENTÔT FINI, BANDE DE PETITS DÉGOÛTANTS !!
ÉROTOMANES VICIEUX, VA !
POUR EN SAVOIR PLUS LONG NOUS NOUS SOMMES LIVRÉS À UNE ENQUÊTE AUPRÈS D'UN COUPLE DE VISONS
BONJOUR
COMMENT SE FAIT-IL QUE VOUS NE VOUS REPRODUISIEZ PLUS COMME AVANT ?
BEN QU'EST-CE QUE ÇA NOUS RAPPORTAIT HEIN ?.. FINIR DANS LA PEAU D'UN MANTEAU !.. VOUS PARLEZ D'UN AVENIR !..
ON EN A ASSEZ DE VOIR NOS ENFANTS PARTIR POUR LA BOUCHERIE !
MAINTENANT, SI VOUS VOULIEZ BIEN NOUS LAISSER... NOUS SOMMES UN PEU FATIGUÉS...
POUR EN SAVOIR PLUS LONG, NOUS NOUS SOMMES LIVRÉS À UNE ENQUÊTE AUPRÈS D'UN BOUCHER.
DRIIING
VEUILLEZ M'EXCUSER...
ALLÔ ?
AH... BIEN... D'ACCORD...
PAR SUITE DE LA GRÈVE D'UNE CERTAINE CATÉGORIE DE PERSONNEL, NOUS NE SOMMES PAS EN MESURE DE DIFFUSER NOTRE ENQUÊTE AUPRÈS D'UN BOUCHER.
NOUS NOUS EN TIENDRONS DONC LÀ EN CONCLUANT MOMENTANÉMENT QUE LE PRINCIPAL RESPONSABLE DE LA HAUSSE DU MANTEAU DE VISON EST LE VISON LUI-MÊME. AFFAIRE À SUIVRE.
ET MAINTENANT, LE SPORT.
AU REVOIR

l'avoir fiscal

ÉCOUTE VIEUX... TU T'ES GOURRÉ DE STUDIO... TAC-AU-TAC, C'EST À CÔTÉ
QUELLE ANGOISSE
LA PROCHAINE FOIS QUE JE SUIS INTERROMPU, JE PASSE À "SÉRIEUX S'ABSTENIR"!
JE CONTINUE. ESCARTEFIGUE, QUI REPRÉSENTE L'OPPOSITION, REPROCHE AU PRINCIPE DE L'AVOIR FISCAL DE FAVORISER OUIN-OUIN PAR RAPPORT À MARIUS.
OLIVE ASSURE QUE C'EST LÀ UNE CALOMNIE.
HA HA? QU'EST-CE À DIRE?
ET MAINTENANT, VOICI UN PETIT INTERMÈDE MUSICAL. JE VAIS AVOIR LE PLAISIR DE VOUS INTERPRETER : "REINE DE MUSETTE".
SUR MON INSTRUMENT
?
NON, VOYEZ-VOUS, JE NE PENSE PAS QUE ÇA SOIT LE MOMENT
BONBONS CARAMELS
TARTES À LA CRÈME
PASTILLES DE MENTHE
BOUSTIFAILLE
AH BON?
AUCUN RAPPORT AVEC L'AVOIR FISCAL
SANDWICHES BOISSONS FRAICHES
Ô MAMMY BLOU!
DANS CES CONDITIONS, JE SUPPRIMERAI L'INTERMÈDE MUSICAL POUR PASSER À LA SUITE DU SKETCH COMIQUE. VOICI TROIS PETITS ÉPARGNANTS. D'UN SEUL COUP D'OEIL, ON REMARQUE QU'IL N'Y A QUE LE PREMIER BAS QUI GOUTTE.
OUARQUE! HYARQUE! HYARQUE!... À CHAQUE COUP QUE JE LA RESSORS, CELLE-LÀ, JE ME MARRE AUTANT!!...
OUAHH LES AMINCHES!
OURQUE OUARQUE LES POTEAUX!
DITES, VOUS SAVEZ QUE CETTE PLAISANTERIE-LÀ, MON ARRIÈRE GRAND-PÈRE LA SORTAIT POUR FAIRE RIRE SON ARRIÈRE GRAND-PÈRE?
EH BEN ÇA PROUVE QU'ELLE EST BONNE
VOUS N'AVEZ GUÈRE LE SENS DE L'HUMOUR, VOUS.
SI C'EST ÇA ALORS, JE PEUX JOUER "PERLES DE CRISTAL" SUR MON INSTRUMENT... ÇA RIME AVEC "AVOIR FISCAL"
NON... ÉCOUTEZ MON VIEUX...
PUISQU'ON EST DANS DES HISTOIRES DE SOCIÉTÉS, JE PEUX PEUT-ÊTRE DIRE UN MOT SUR LA "S.F.B.D."?..
JE NE VEUX PLUS VOIR CE CRAPAUD CHEZ MOI
... LA SOCIÉTÉ FRANÇAISE DES BROCOLIS DÉLICATS, FONDÉE EN...
NON, ÉCOUTE VIEUX... JE VAIS TE DIRE UN MOT SUR LES PUBLICITÉS CLANDESTINES
AMBIANCE ÉCOEURANTE QUE CELLE DE CETTE RUBRIQUE
DE TOUTE FAÇON, JE VOUS JOUERAI : "LA PLUS BATH DES JAVAS"
AAAH! ENFIN! DE LA JOIE!
Ô CORSE ÎLE D'AMOUR
C'EST UNE CHOSE QUI N'EST PAS
COMMENCE À EN AVOIR MARRE.
CHAUFFE CHAUFFE
QUOI QU'IL EN SOIT, VOICI "Ô MAMMY BLOU" DANS UNE TRANSCRIPTION TRÈS FREE, ÉCRITE SUR PARTITION.
NON ÉCOUTEZ LES GARS...
Ô MAMMY... Ô MAMMY MAMMY BLOU...
NON ÉCOUTEZ LES GARS...
LES GARS... ÉCOUTEZ-VOIR...
THE MUD SHARK DANCING LESSON!
NON LES GARS
ALORS? QU'EST-CE QUE T'ATTENDS POUR LE VIRER, LUI?
T'AS LES FOIES, HEIN
ET POUR CONTINUER JE VOUS JOUERAI LA BARCAROLLE DE LA MAMAN BLEUE.
J'AI LE BOURDON...
ÉCOUTEZ LES GARS...
NON LES GARS
NON J'VOUS ASSURE LES GARS...
NON QUOI...
C'EST PAS POSSIBLE...
CE CRAPAUD CHERCHE À M'HUMILIER MAIS IL M'AURA PAS
DES COCCINELLES COMME ÇA... PF... RIEN EN-DESSOUS DE LA CEINTURE
UN JOUR TOUT ÇA SERA BALAYÉ!
NON MAIS TU VAS TE BARRER DE LÀ, TOI ?!
?

merchandising

LE GÉNIAL PRÉCURSEUR DONT IL ÉTAIT QUESTION PLUS HAUT EUT, DÈS LE DÉBUT DE NOTRE ÈRE, CE GENRE DE TROUVAILLE, TENDANT À RENDRE LA VENTE PLUS ATTRAYANTE ET, PAR LÀ MÊME, À L'ACCROÎTRE.
JE SUIS MARCHAND D'ESCLAVES... ET ÇA NE MARCHE PAS TRÈS FORT...
MARCHAND D'ESCLAVES?.. BON... ATTENDS VOIR... VOILÀ CE QUE TU VAS FAIRE...
...ET LE MARCHAND FIT CE QUE LUI AVAIT DIT L'AUTRE.
MAGNIFIQUE ESCLAVE !.. PARFAIT ÉTAT DE MARCHE !.. ENTRETIEN MINIME ... ET TENEZ-VOUS BIEN ... EN SUPPLÉMENT GRATUIT : LE CADEAU-SURPRISE !..
VOUS NE SEREZ PAS DÉÇU !.. VOUS VERREZ !.. IL EST DE TOUTE BEAUTÉ !.. ET N'OUBLIEZ PAS : LE CADEAU-SURPRISE !
ALLEZ HUE
EH MAMAN !.. VIENS VOIR !.. J'AI ACHETÉ UN ESCLAVE CHEZ BONUS !..
AARGL
EH MAMAN !.. VIENS VOIR !.. IL Y A UN CADEAU-SURPRISE EN SUPPLÉMENT GRATUIT !
CADEAU BONUS
UNE AUTRE TROUVAILLE DE NOTRE GÉNIAL VISIONNAIRE :
MAGNIFIQUE ESCLAVE NUBIEN !.. SOLIDITÉ À TOUTE ÉPREUVE !.. GARANTI SIX MOIS, PIÈCES ET MAIN-D'OEUVRE !..
... AVEC, EN SUPPLÉMENT GRATUIT, NOTRE PORTE-CLÉ !..
...ES TEMPS ONT CHANGÉ, ...IEN SÛR, MAIS VOUS ...OYEZ QU'EN CE QUI CONCERNE LA VENTE D'UN PRODUIT, ON N'A GUÈRE TROUVÉ ...IEUX DEPUIS. GADGETS, ...ADEAUX-SURPRISES, ...UPPLÉMENTS GRATUITS, ...TC... ÇA SE FAIT COURAMMENT AUJOURD'HUI. ON A MÊME BAPTISÉ CELA DU ...OM DE "MERCHANDISING". ...'EST COMME POUR UN ...ERSONNAGE CÉLÈBRE QU'...N UTILISE POUR FAIRE ...ENDRE UN PRODUIT. ET ..., ENCORE, NOTRE HOMME ...UT LE PREMIER À ENTREPRENDRE... ...IR TOUT LE PARTI À ...RER DE CETTE IDÉE.
CAR JUSTEMENT, DE SON TEMPS VIVAIT UN PERSONNAGE CÉLÈBRE.
Y'A PAS À DIRE... AVEC LA COTE QU'IL A, IL DOIT POUVOIR SE VENDRE...
IL Y A LÀ UNE IDÉE À CREUSER...
...ET L'IDÉE FUT CREUSÉE.
...ÇA FERA 30 DENIERS
ET JUDAS (CAR TEL ÉTAIT SON NOM), VENDIT AINSI UN PERSONNAGE CÉLÈBRE. MALHEUREUSEMENT, LA FAÇON DONT ON UTILISA CE PERSONNAGE DÉPASSA UN PEU SES INTENTIONS.
GOLGOTHA
CE FUT LÀ SA DERNIÈRE AFFAIRE CAR, BOURRÉ DE REMORDS, IL SE FIT JUSTICE, APRÈS AVOIR SEMÉ AUX QUATRE VENTS LES 30 DENIERS QU'IL AVAIT TIRÉS DE SA VENTE.
TOUJOURS EST-IL QUE 2.000 ANS APRÈS, L'IDÉE EST REPRISE. AUJOURD'HUI, LE PERSONNAGE SE VEND COMME DU PETIT PAIN. LE CONTEXTE EST PEUT-ÊTRE DIFFÉRENT, C'EST LE MÊME MOT QUI EST UTILISÉ : "VENDRE". ET JE CROIS SAVOIR QUE ÇA RAPPORTE PLUS QUE 30 DENIERS.
SUPER STAR
ON VEND DU "JÉSUS CHRIST" EN 1972? BON, TRÈS BIEN. MAIS ALORS, QU'ON RÉTABLISSE L'ÉQUILIBRE DANS LA BALANCE. DE DEUX CHOSES L'UNE : OU BIEN LES VENDEURS SE FONT JUSTICE, COMME L'AUTRE, OU BIEN ON RÉHABILITE L'AUTRE ET ON LE DÉCLARE SAINT PATRON DU "MERCHANDISING". C'EST LOGIQUE, NON? D'AUCUNS OBJECTERONT QUE LE RAISONNEMENT EST FAUX ET COMPORTE UN VICE DE BASE. C'EST POSSIBLE. MAIS QUE CELUI QUI N'A JAMAIS PÊCHÉ PAR SOPHISME ME JETTE LA PREMIÈRE PIERRE.

où se niche la subversion !

LE LENDEMAIN, DANS LES LOCAUX DE LA P.J...
BON. TU PORTES LE SACHET AU LABO AUX FINS D'ANALYSE, PETIT.
OH PATRON... JE SUIS SI ÉMU...
T'EN FAIS PAS VA... TOUT IRA BIEN.
A TEKE IT IZI
PLIC
CHERRY
SCOTCH
FINE
POIRE
VIEILLE GNOLE
CHIANTI
GNUM? GNUM?
UÈRGL
ET ALORS, DOCTEUR PAUL? LES RÉSULTATS?
OUI? LES RÉSULTATS?
AUCUN DOUTE N'EST POSSIBLE.
HEIN?
HEIN?
CE SACHET CONTIENT UNE VARIÉTÉ DÉSHYDRATÉE ET RÉDUITE EN POUDRE, DE PETITS CHOUX APPELÉS COMMUNÉMENT "BROCOLIS" ET SERVANT À AROMATISER LES PLATS CUISINÉS, AU MÊME TITRE QUE LE THYM, LE LAURIER, L'ÉCHALOTE ET LE KETCHUP.
VOICI MON RAPPORT
BRAVO CHAROLLES
DES BROCOLIS
AH BON
TIENS
BON. TU RENVOIES LA DAME CHEZ ELLE AVEC SES BROCOLIS ET NOS EXCUSES. QUANT À MOI, JE VAIS M'OCCUPER TOUT DE SUITE DE TON AVANCEMENT.
AVEC TOUTES NOS EXCUSES, MADAME
OH, COMME JE LA HAIS
ARRESTATION ARBITRAIRE! J'AI MÊME PAS COMPRIS CE QU'ILS ME VOULAIENT!
ALORS SI UNE PAUVRE FEMME PEUT MÊME PLUS S'OFFRIR UNE DOUCEUR EN AROMATISANT SON BIFTECK AUX BROCOLIS, OÙ VA-T-ON ?!
SURTOUT AVEC TOUTES LEURS PUBLICITÉS À LA T.S.F.
JE VOUS DEMANDE UN PEU
ENFIN... RIEN NE VAUT UN BON BIFTECK POUR OUBLIER LES MISÈRES DE LA VIE!.. UN BIFTECK AUX BROCOLIS!..
MMMMHH
NON MAIS SENTEZ-MOI CE FUMET
MMMMHH
J'EN BAVE
MMMMHHHH... AAAAHHH... AAAHHH... LES BROCOLIS... QUELLE SENSATION MMMHHH... DOUCEUR...
VOLUPTÉ
CHUM GROMPF CHOMPF
MMMMMMAH LES BROCOLIIIIIS... QUEL PIEEEED...
BURP
...CE N'EST QUE JUSTICE... J'AI MÉRITÉ CELA... UNE TELLE ERREUR... SUBIR LA PUNITION AVEC COURAGE... PUIS REPARTIR À ZÉRO... REGRAVIR UN À UN LES ÉCHELONS... SEUL... SEUL... HUMILIÉ ET SEUL...

l'escargot

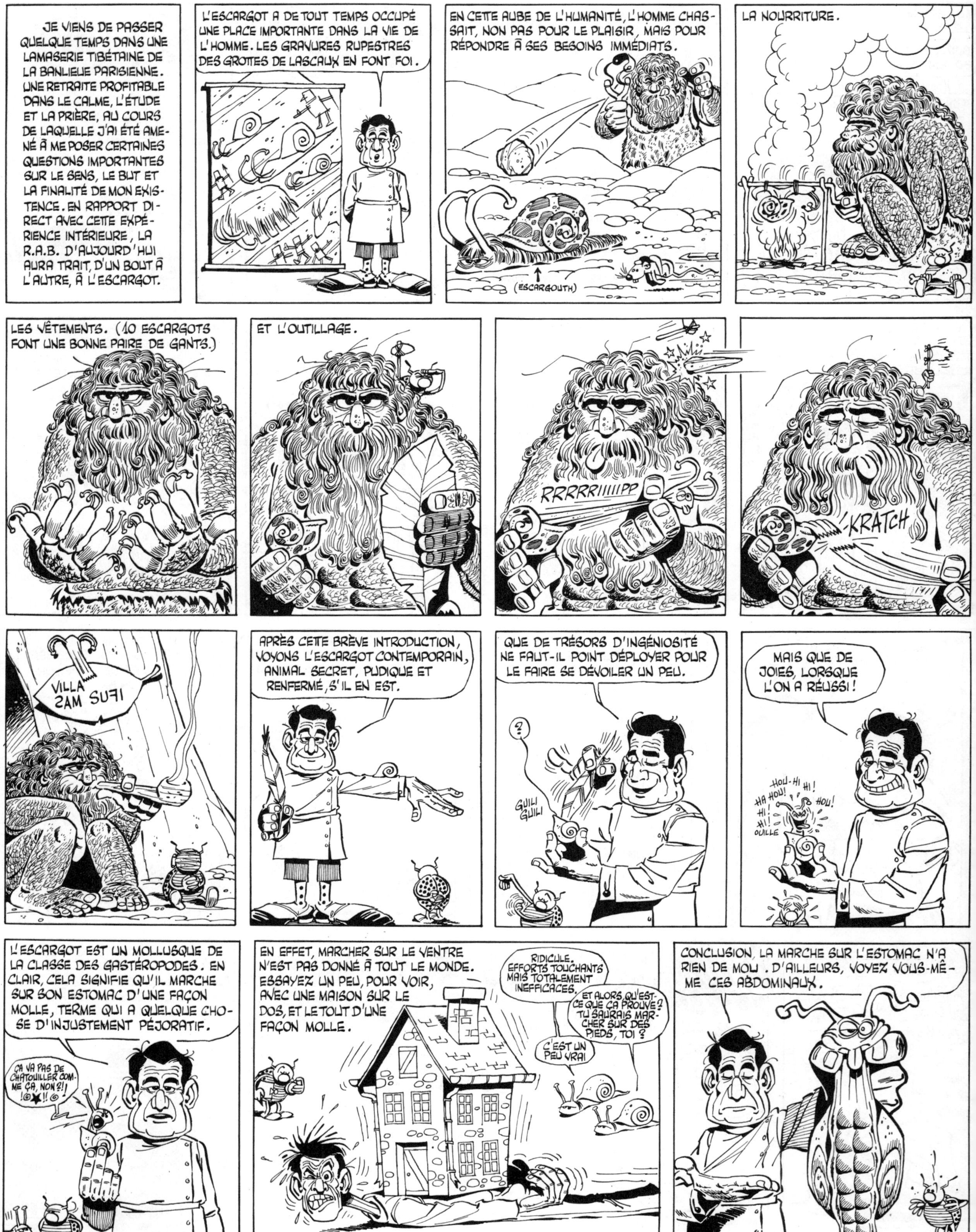

JE VIENS DE PASSER QUELQUE TEMPS DANS UNE LAMASERIE TIBÉTAINE DE LA BANLIEUE PARISIENNE. UNE RETRAITE PROFITABLE DANS LE CALME, L'ÉTUDE ET LA PRIÈRE, AU COURS DE LAQUELLE J'AI ÉTÉ AMENÉ À ME POSER CERTAINES QUESTIONS IMPORTANTES SUR LE SENS, LE BUT ET LA FINALITÉ DE MON EXISTENCE. EN RAPPORT DIRECT AVEC CETTE EXPÉRIENCE INTÉRIEURE, LA R.A.B. D'AUJOURD'HUI AURA TRAIT, D'UN BOUT À L'AUTRE, À L'ESCARGOT.
L'ESCARGOT A DE TOUT TEMPS OCCUPÉ UNE PLACE IMPORTANTE DANS LA VIE DE L'HOMME. LES GRAVURES RUPESTRES DES GROTTES DE LASCAUX EN FONT FOI.
EN CETTE AUBE DE L'HUMANITÉ, L'HOMME CHASSAIT, NON PAS POUR LE PLAISIR, MAIS POUR RÉPONDRE À SES BESOINS IMMÉDIATS.
(ESCARGOUTH)
LA NOURRITURE.
LES VÊTEMENTS. (10 ESCARGOTS FONT UNE BONNE PAIRE DE GANTS.)
ET L'OUTILLAGE.
RRRRRIIIIIPP
KRATCH
VILLA ZAM SUFI
APRÈS CETTE BRÈVE INTRODUCTION, VOYONS L'ESCARGOT CONTEMPORAIN, ANIMAL SECRET, PUDIQUE ET RENFERMÉ, S'IL EN EST.
QUE DE TRÉSORS D'INGÉNIOSITÉ NE FAUT-IL POINT DÉPLOYER POUR LE FAIRE SE DÉVOILER UN PEU.
?
GUILI GUILI
MAIS QUE DE JOIES, LORSQUE L'ON A RÉUSSI !
HOU-HI HI! HA HOU! HOU! HI! HI! OUILLE
L'ESCARGOT EST UN MOLLUSQUE DE LA CLASSE DES GASTÉROPODES. EN CLAIR, CELA SIGNIFIE QU'IL MARCHE SUR SON ESTOMAC D'UNE FAÇON MOLLE, TERME QUI A QUELQUE CHOSE D'INJUSTEMENT PÉJORATIF.
ÇA VA PAS DE CHATOUILLER COMME ÇA, NON ?! !@★!!@!
EN EFFET, MARCHER SUR LE VENTRE N'EST PAS DONNÉ À TOUT LE MONDE. ESSAYEZ UN PEU, POUR VOIR, AVEC UNE MAISON SUR LE DOS, ET LE TOUT D'UNE FAÇON MOLLE.
RIDICULE. EFFORTS TOUCHANTS MAIS TOTALEMENT INEFFICACES.
ET ALORS, QU'EST-CE QUE ÇA PROUVE ? TU SAURAIS MARCHER SUR DES PIEDS, TOI ?
C'EST UN PEU VRAI
CONCLUSION, LA MARCHE SUR L'ESTOMAC N'A RIEN DE MOU. D'AILLEURS, VOYEZ VOUS-MÊME CES ABDOMINAUX.

GRÂCE À CETTE PUISSANTE MUSCULATURE, L'ESCARGOT ÉVOLUE DONC SUR LE VENTRE LE PLUS FACILEMENT DU MONDE, SE SOUCIANT DE SA CARENCE DE PIEDS COMME D'UNE GUIGNE.
AUCUN OBSTACLE NE LUI RÉSISTE.
?
QUEL EST LE RIGOLO QUI S'AMUSE À FAIRE DES CROCHE-VENTRES, ICI !?!
L'ESCARGOT ET SA VIE FAMILIALE. DÈS LES PREMIERS BEAUX JOURS, UN CHANT TRÈS DOUX S'ÉLÈVE DES BUISSONS FLEURIS, C'EST CELUI DE L'ESCARGOT EN RUT.
MARGOTON C'EST UNE BLONDE QU'A LES PLUS BEAUX YEUX DU MONDE À 500 LIEUES À LA RONDE Y'EN A POINT DE PLUS GIRONDE
DANS LA CHALEUR DES NUITS D'ÉTÉ, QUAND LA CLARTÉ DIFFUSE DES ÉTOILES REND FOUS MÊME LES PLUS RAISONNABLES, ON PEUT VOIR NOTRE HÉROS, EN QUÊTE D'UNE BELLE, QUITTER SA COQUILLE ET DANSER NU DANS UN RAYON DE LUNE.
RIGOUREUSEMENT INDESSINABLE.
LORSQUE L'ESCARGOT A TROUVÉ UNE COMPAGNE À SA CONVENANCE, IL ENTAME AUTOUR DE CELLE-CI UNE SORTE DE RONDE DE LA SÉDUCTION D'UNE DÉLICATESSE INFINIE.
je t'aime
LA BELLE N'EST PAS INSENSIBLE À CE MANÈGE. TRÈS RAPIDEMENT, ELLE QUITTE SA DEMEURE DE JEUNE FILLE ET VA REJOINDRE SON VAINQUEUR CHEZ LUI.
OH ALPHONSE... VOUS ÊTES DÉJÀ SI PETITEMENT LOGÉ...
PENSEZ-VOUS, ON SE SERRERA UN PEU
AINSI, UN NOUVEAU COUPLE EST FORMÉ. LAISSONS-LE PROFITER PLEINEMENT DE SON BONHEUR TOUT NEUF DANS UNE DOUILLETTE SOLITUDE... ÉLOIGNONS-NOUS DISCRÈTEMENT SUR LA POINTE DE L'ESTOMAC...
... ET ALORS LÀ, VOYEZ-VOUS, C'EST UN GUERRIER SAMOURAÏ S'AVANÇANT VERS UNE JEUNE BEAUTÉ NIPPONE ENDORMIE.
OH ALPHONSE, QUE ME MONTREZ-VOUS LÀ !
LA PERPÉTUATION DE L'ESPÈCE EST ASSURÉE DE LA SORTE, CONTRE VENTS, MARÉES ET SAUCES À L'AIL. L'HUMBLE GASTÉROPODE N'A DÉSORMAIS PLUS DE RAISONS D'ÊTRE.
POC
TENTION DEVANT
VIENNENT LES FRIMAS DE L'HIVER. L'ESCARGOT ENTRE POUR UNE DERNIÈRE FOIS AU FOND DE LA SILENCIEUSE TIÉDEUR DE SA COQUILLE.
IL S'ENFONCE LE PLUS LOIN POSSIBLE... EN DES RÉGIONS CONNUES DE LUI SEUL... LE PLUS LOIN POSSIBLE...
...IL ENTRE EN LUI-MÊME... AU FOND DE LUI-MÊME... AU CENTRE DE LUI-MÊME... LÀ OÙ C'EST LE PLUS DOUX... LÀ OÙ C'EST LE PLUS CHAUD...
...IL N'EN FINIT PAS D'ENTRER EN LUI-MÊME...
... JUSQU'À CE QU'IL DISPARAISSE TOTALEMENT... QUITTANT SA DEMEURE PAR ON NE SAIT QUELLE ISSUE MYSTÉRIEUSE...
POUTCH
SEULE SUBSISTE SA COQUILLE, DÉSESPÉRÉMENT VIDE... DANS LE FROID DE L'HIVER... SUR LES SENTIERS ENNEIGÉS D'UNE TRISTESSE INFINIE... ET LE SOUFFLE GLACÉ DE LA BISE PASSE, INDIFFÉRENT, SUR L'HUMBLE CHAUMIÈRE QUI ABRITA TANT DE BONHEUR...
C'EST UN BEAU DESSIN MAIS IL EST COMPLÈTEMENT DISPROPORTIONNÉ
ESCARGOT MON AMI, QU'AS-TU FAIT DE TA VIE ?..
CUT
(JE PAIE UN POT À QUI TROUVERA D'AUSSI BELLES CHOSES À DIRE SUR UN TEL SUJET.)

dernier premier avril

HÉHÉ!
LES COPAINS... ON VA SE BIDONNER CINQ MINUTES!
JE SENS ÇA!
HÉ HÉÉ!
?
PS
HÉHO! PSST!
HÉ HÉÉ!
J'AI L'IMPRESSION QU'ON VA UN PEU SE FENDRE LA PIPE!
OUAP-PUNÈGE
You-hou!
BONG
LE CIEL M'EST TÉMOIN... JE N'AI PAS VOULU CELA...
C'EST AINSI QU'AU COURS DE CETTE JOURNÉE MÉMORABLE ÉCLATERONT L'UN APRÈS L'AUTRE TOUS LES VIEUX BALLONS DE BAUDRUCHE. PEUT-ÊTRE CERTAINS SENTIRONT-ILS LE DESESPOIR LES ENVAHIR.
HÉLAS... DE NOS JOURS, LES GENS NE SAVENT PLUS RIGOLER..
DOMMAGE... ON AURAIT PU ENCORE SE POILER LONGTEMPS COMME ÇA...
ENFIN... TANT PIS... PUISQUE C'EST ÇA, Y'A PLUS QU'À SE DIRE AU-REVOIR...
ALLEZ
AU-REVOIR
ET HOP!
C'EST DRÔLE, CETTE ANNÉE IL N'EST PAS EN FORME..
ET ALORS, AU SOIR DU GRAND JOUR, UNE JOYEUSE MUSIQUE ÉCLATERA. LE DERNIER POISSON D'AVRIL CRÈVERA SUR L'ÉVIER DE LA CUISINE DE L'ACADÉMIE DE LA RIGOLADE. TOUT LE MONDE CESSERA DE RIGOLER EN MÊME TEMPS. IL Y AURA UN LONG SILENCE REPOSANT À LA SUITE DUQUEL ON POURRA ENFIN COMMENCER À RIRE.

dernier noël

BRIGADE MONDAINE
QUE PERSONNE NE BOUGE !
CHAROLLES ! SAISIS-TOI DE CE LASCAR
OK PATRON
ALLEZ HOP
ENFER ET DAMNATION JE SUIS FAIT
PAR ICI TOI LE ZIGOTO
BELLE PRISE CHAROLLES !.. ON Y A MIS LE TEMPS MAIS ON A QUAND MÊME FINI PAR L'AVOIR !..
JE SAIS
AH PATRON C'QUE VOUS ÊTES FORT
ALLEZ AVANCE, TOI
ÇA VA FAIRE DU BRUIT DANS LANDERNEAU, PATRON !
ÇA NE NOUS REGARDE PLUS MON PETIT. NOUS AVONS FAIT NOTRE TRAVAIL. POUR LE RESTE, ADIEU VAT 69. C'EST L'MÉTIER, FISTON... UN DUR MÉTIER... MAIS SI BEAU PARFOIS... SI NOBLE... AH, TU ES BIEN JEUNE, ENCORE... UN JOUR... TU COMPRENDRAS... MON PETIT...
JOYEUX NOËL LES ENFANTS !..
ET MAINTENANT, EN ROUTE VERS DE NOUVELLES AVENTURES !!..
SCANDALE
VOUDRIEZ-VOUS ME PASSER LE SEL
J'EXIGE DES BROCCOLIS POUR METTRE DANS MON MINESTRONE
DÉPÔT D'UNE MOTION DE CENSURE PAR L'OPPOSITION
PROJET DE LOI SOUMIS AU PARLEMENT
NOUS SOMMES LES ÉLUS DU PEUPLE
Ô CORSE ÎLE D'AMOUR
NOUS SAURONS PARER CETTE ATTAQUE INFAME
INTERPELLATION À LA CHAMBRE
LE GOUVERNEMENT CHANCELLE
LA MAJORITÉ MISE FACE À SES RESPONSABILITÉS
MONSIEUR GLÜTZENBAUM VOUS N'AVEZ PAS LA PAROLE
DEMANDEZ LE JOURNAL OFFICIEL ! SPÉCIALE DERNIÈRE
DEMANDEZ LE JOURNAL OFFICIEL !
DEMANDEZ LE JOURNAL OFFICIEL !
ÉÉÉÉDITION SPÉCIALE
JOURNAL OFFICIE
REDACTEUR EN CHEF : GLÜTZENBAUM. MAQUETTISTE : BROCCOLI
LE SCANDALE !!
LOI DU 31 FÉVRIER 1972, ADOPTÉE PAR LA CHAMBRE DES DÉPUTÉS ET RATIFIÉE PAR LE PARLEMENT, CONCERNANT LE PÈRE NOËL.
Article 1 - A dater de la mise en application, le Père Noël n'existe plus.
Article 2 - Y faut le répéter à personne.
Article 3 - Tout contrefacteur sera puni sévèrement de travaux forcés à perpétuité et retrait du permis de conduire.
Article 4 - Tout retard sera majoré de 10 %
Article 5 - C'est dans les vieilles marmites qu'on fait les meilleures soupes.
Article 6 - Les petites et moyennes Entreprises seront te de cotiser à la Caisse de Retraite des Ouv Agricoles

Pilote
LE JOURNAL D'ISAAC NEWTON
ISAACTERIX LE GAULOIS
BY TOUTATIS! (1)
FLAP FLAP
FLAP FLAP
(1). N'OUBLIONS PAS QU'ISAAC NEWTON ÉTAIT ANGLAIS.
ARGN
BENG
LUCKY ISAAC
PROTCH
PENG
PFOU
ACHILLE NEWTON
x-2ab+K = -b ± √b²-4ac a+b+c 2a
x=(r.28√48.25).43 ∞/4 xz.+22-ab²
x.y.z
π
BOF
K2r+ax/2 √22+z -2ab+z'
∫22,35.xy √27 π 3.1416 x ctg 22
π.3,1416=8
SI, SI
HOP
ar²-24= e=mc²
[(B.b=x)/24² -4] b.22=ax+z' -24x395²
LE CUISTRE
πr²=24-3ab/2 √28,32/4 -r²+28
BOF
K²r/∞=285² √57+99³
HOP
ET TOUT ÇA
L'IGNOBLE INFECT ET ABJECT VIL GRAND VIZIR RÉPUGNANT POURRI
IZNEWTON
...ET JE LUI AI DIT DE FAIRE LA SIESTE SOUS LE COCOTIER!
IL VA AVOIR LE CRÂNE DÉFONCÉ PAR UNE NOIX DE COCO!!
JE SERAI CALIFE À LA PLACE DU CALIFE!!
GHÂÂÂH...
ÇA SERA BIEN FAIT!
ÇA VA RATER PATRON
RON
ÇA MARCHE! ÇA MARCHE!
GNÂÂÂH
GNAGNA
RAGNAGNA
LAISSEZ TOMBER PATRON, ÇA VA RATER
POÏNG POÏNG
RON
PUISQUE JE VOUS DIS DE LAISSER TOMBER, PATRON
?
POÏNG
RON
JE VOUS L'AVAIS BIEN DIT QUE ÇA ALLAIT RATER, PATRON

LA FAMILLE NEWTAFOIN
RRR ZZZ
BONG
SACRÉ BONSOIR DE VENT QUI M'A FAIT TOMBER LA BOUTEILLE DE CIDRE SUR LA CABOCHE!
PHILÉMON NEWTON
HUM
VALERISAAC
PAR LA MÉTA-GALAXIE, QUELLE PLANÈTE INSOLITE ET GRANDIOSE
JE ME DEMANDE COMMENT SONT SES HABITANTS...
PAR TAU CÉTI
PAR BETELGUEUSE
NON MAIS DITES-DONC JEUNE HOMME!.. VOUS POURRIEZ FAIRE PREUVE DE DÉLICATESSE ENVERS UNE JEUNE FILLE!!
?
ÇA N'EST TOUT DE MÊME PAS DE MA FAUTE SI J'AI DES PELLICULES!!
PAR ALPHA DU CENTAURE
LE GRAND ZAZAAC
ISABELLE... ISABELLE... SERAI-JE L'HEUREUX MORTEL...
...À QUI... UN JOUR... VOUS DONNEREZ... LA POMME... SI DOUCE ... À CROQUER...
À BAS LA SOCIÉTÉ DE CONSOMMATION
DEUX ANS DÉJÀ.. BIENTÔT L'ÂGE BÊTE...

dernier burp

ON CONNAÎT L'EXPÉRIENCE DU CHAT, LÂCHÉ DANS LE VIDE LES PATTES EN L'AIR :
IL RETOMBE TOUJOURS SUR SES PATTES.
TOP TOP TOP
L'EXPÉRIENCE INVERSE N'EST PAS MOINS DÉNUÉE D'INTERÊT :
J'AIMERAIS MAINTENANT FAIRE CESSER CERTAINES CROYANCES RIDICULES...
HUM... HEU... JE M'EXCUSE PROFESSEUR...
OUI, QU'EST-CE QUE C'EST? VOUS VOYEZ BIEN QUE JE SUIS OCCUPÉ !
UNE LETTRE POUR VOUS
BON ÇA VA DONNEZ, MERCI
EXCUSEZ-MOI
PIN PON PIN PON PIN PON
IMPOTS SUR LES REVENUS
PIN-PON
PROFESSEUR BURP! VITE! VOTRE MAISON EST EN FLAMMES!!
PIN
PIN PON
VITE! VOTRE FEMME EST PARTIE AVEC LES ÉCONOMIES !
QUOI QU'IL EN SOIT... CETTE SUPERSTITION STUPIDE SELON LAQUELLE UN CHAT NOIR PORTERAIT MALHEUR NE REPOSE SUR AUCUN FONDEMENT SOLIDE.
PROFESSEUR BURP! VENEZ VITE! VOTRE FILS VIENT D'ÊTRE ARRÊTÉ POUR PROXÉNÉTISME!
ENCORE LE RACISME QUI MONTRE LE BOUT DE SON NEZ
POUR TERMINER, UNE EXPÉRIENCE PASSIONNANTE AYANT TRAIT À LA VISION NOCTURNE DU CHAT. DANS CETTE BOÎTE EST ENFERMÉ UN CHAT QUI JEÛNE DEPUIS TROIS SEMAINES.
MIAOU!
J'AI PLACÉ PAR TERRE UNE ASSIETTE DE MOU. JE VAIS ÉTEINDRE LA LUMIÈRE ET OUVRIR LA BOÎTE. DANS L'OBSCURITÉ TOTALE, LE CHAT AFFAMÉ VA SE DIRIGER TOUT DROIT VERS SON METS FAVORI.
MIAOU!
?
CLIC
MUNTCH
CRUNNTH
GLOPF
KROTCH
HÉ LES GARS... ENCORE UNE VICTIME DE LA SCIENCE...
CLIC
BORF

dernière r.a.b.

Puisque Hal s'est occupé de tout le journal, il est normal qu'il se charge aussi de la R.A.B. Il a donc été programmé avec toutes les R.A.B. parues jusqu'à ce jour, afin qu'il assimile parfaitement ce ton spécial et inimitable fait d'humour glacé et sophistiqué, propre à la rubrique. Puis, un sujet lui a été imposé, sur lequel il a dû faire l'exposé que vous allez lire. En cette période, la farce étant à l'ordre du jour, le sujet choisi (assez finement) a été "la Tarte à la crème". Je laisse donc la parole à Hal :

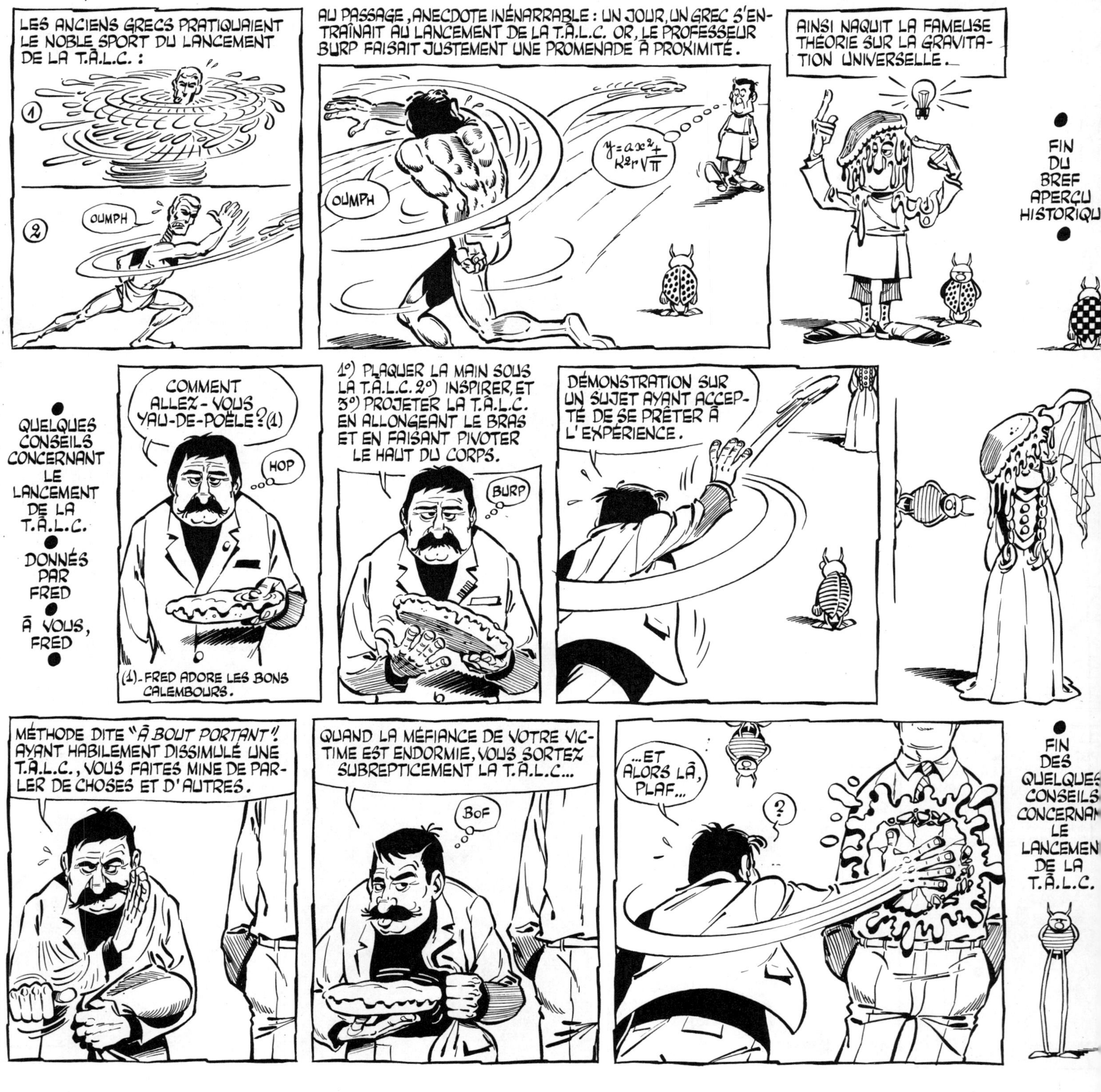

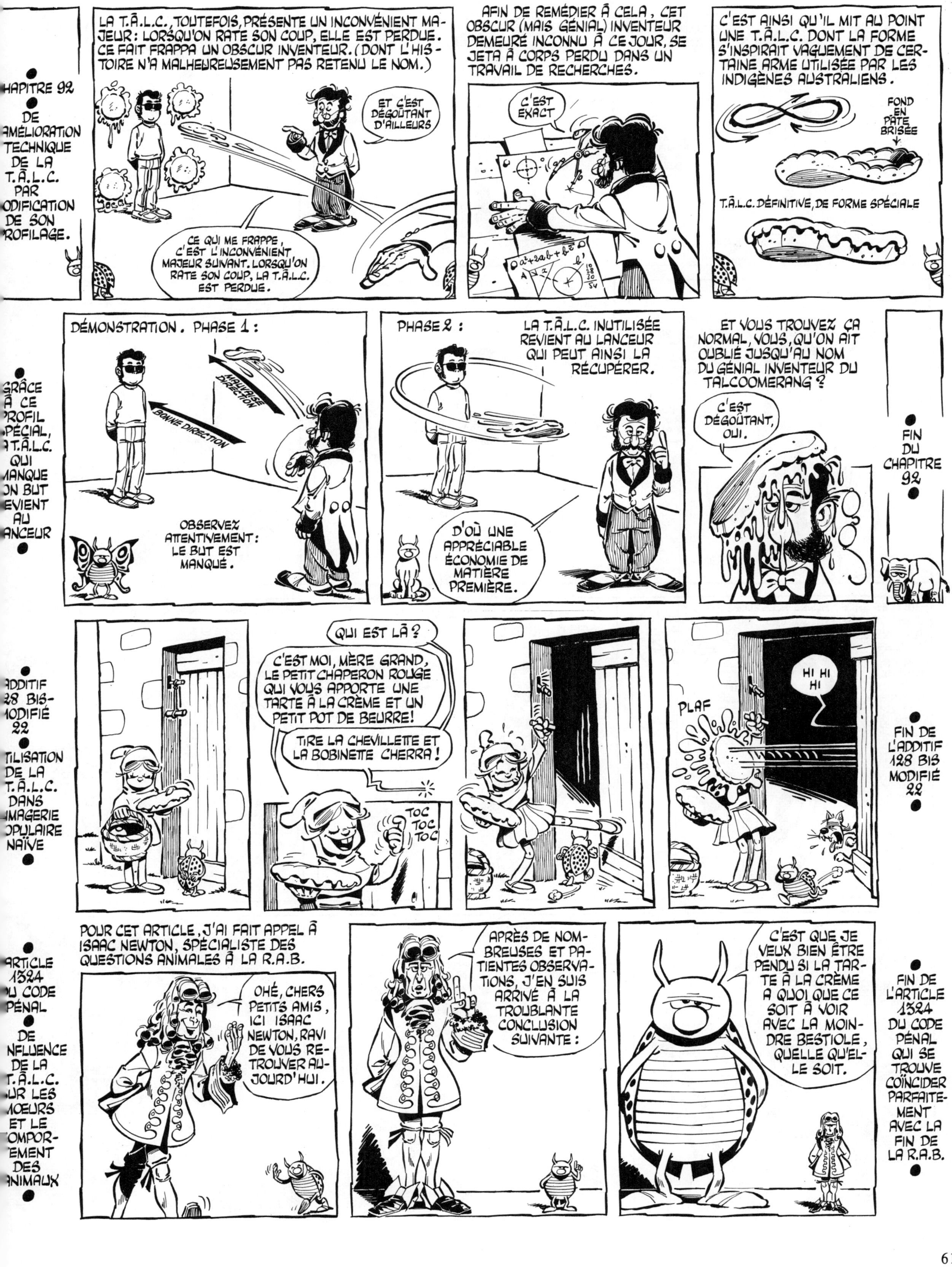
HAPITRE 92
DE
AMÉLIORATION
TECHNIQUE
DE LA
T.Â.L.C.
PAR
ODIFICATION
DE SON
ROFILAGE.
LA T.Â.L.C., TOUTEFOIS, PRÉSENTE UN INCONVÉNIENT MAJEUR: LORSQU'ON RATE SON COUP, ELLE EST PERDUE. CE FAIT FRAPPA UN OBSCUR INVENTEUR. (DONT L'HISTOIRE N'A MALHEUREUSEMENT PAS RETENU LE NOM.)
ET C'EST DÉGOÛTANT D'AILLEURS
CE QUI ME FRAPPE, C'EST L'INCONVÉNIENT MAJEUR SUIVANT. LORSQU'ON RATE SON COUP, LA T.Â.L.C. EST PERDUE.
AFIN DE REMÉDIER À CELA, CET OBSCUR (MAIS GÉNIAL) INVENTEUR DEMEURÉ INCONNU À CE JOUR, SE JETA À CORPS PERDU DANS UN TRAVAIL DE RECHERCHES.
C'EST EXACT
C'EST AINSI QU'IL MIT AU POINT UNE T.Â.L.C. DONT LA FORME S'INSPIRAIT VAGUEMENT DE CERTAINE ARME UTILISÉE PAR LES INDIGÈNES AUSTRALIENS.
FOND EN PÂTE BRISÉE
T.Â.L.C. DÉFINITIVE, DE FORME SPÉCIALE
GRÂCE
À CE
PROFIL
SPÉCIAL,
T.Â.L.C.
QUI
MANQUE
ON BUT
EVIENT
AU
ANCEUR
DÉMONSTRATION. PHASE 1:
MAUVAISE DIRECTION
BONNE DIRECTION
OBSERVEZ ATTENTIVEMENT: LE BUT EST MANQUÉ.
PHASE 2:
LA T.Â.L.C. INUTILISÉE REVIENT AU LANCEUR QUI PEUT AINSI LA RÉCUPÉRER.
D'OÙ UNE APPRÉCIABLE ÉCONOMIE DE MATIÈRE PREMIÈRE.
ET VOUS TROUVEZ ÇA NORMAL, VOUS, QU'ON AIT OUBLIÉ JUSQU'AU NOM DU GÉNIAL INVENTEUR DU TALCOOMERANG?
C'EST DÉGOÛTANT, OUI.
FIN DU CHAPITRE 92
ADDITIF
28 BIS
MODIFIÉ
22
TILISATION
DE LA
T.Â.L.C.
DANS
IMAGERIE
OPULAIRE
NAÏVE
QUI EST LÀ?
C'EST MOI, MÈRE GRAND, LE PETIT CHAPERON ROUGE QUI VOUS APPORTE UNE TARTE À LA CRÈME ET UN PETIT POT DE BEURRE!
TIRE LA CHEVILLETTE ET LA BOBINETTE CHERRA!
TOC TOC TOC
PLAF
HI HI HI
FIN DE L'ADDITIF 128 BIS MODIFIÉ 22
ARTICLE
1324
U CODE
PÉNAL
DE
NFLUENCE
DE LA
T.Â.L.C.
UR LES
MOEURS
ET LE
OMPOR-
TEMENT
DES
NIMAUX
POUR CET ARTICLE, J'AI FAIT APPEL À ISAAC NEWTON, SPÉCIALISTE DES QUESTIONS ANIMALES À LA R.A.B.
OHÉ, CHERS PETITS AMIS, ICI ISAAC NEWTON, RAVI DE VOUS RETROUVER AUJOURD'HUI.
APRÈS DE NOMBREUSES ET PATIENTES OBSERVATIONS, J'EN SUIS ARRIVÉ À LA TROUBLANTE CONCLUSION SUIVANTE:
C'EST QUE JE VEUX BIEN ÊTRE PENDU SI LA TARTE À LA CRÈME A QUOI QUE CE SOIT À VOIR AVEC LA MOINDRE BESTIOLE, QUELLE QU'ELLE SOIT.
FIN DE L'ARTICLE 1324 DU CODE PÉNAL QUI SE TROUVE COÏNCIDER PARFAITEMENT AVEC LA FIN DE LA R.A.B.

UN PEU DE POÉSIE QUE DIABLE
PARCE QUE LA POÉSIE, C'EST AUSSI INDISPENSABLE QUE L'EAU OU LE PAIN.
ALORS JE M'EN VAIS VOUS DIRE UN POÈME.
FAIRE ÇA OU PEIGNER LA GIRAFE
ENFIN C'EST CE QU'ON DIT
POUR CE QUE J'EN AI À FOUTRE ET DE TOUTE FAÇON ON ME PAIE POUR ÇA
MOI JE VEUX BIEN
ENFIN ... MOI CE QUE J'EN DIS, HEIN ...
BON ... ALORS ...
EUH ... "Les roses de ...
...de ?..
... Sa ?..
...Sa-a...
... Sa-a-di ...
Saadi ?..
Sa ?..
?
"Les roses de Saadi"
?
PRT ?
"Saadi"... C'EST BIEN ÇA QU'IL Y'A D'ÉCRIT...
ÇA VOUS DIT À VOUS SAADI ?
QU'EST-CE QUE ÇA VEUT DIRE ÇA ?
À MOI ÇA DIT RIEN
ÇA SONNE UN PEU "MAHMOUDI"... OU ALORS "YOUDI"...
ÇA M'ÉTONNERAIT PAS QUE ÇA SOIT ENCORE EXTRAIT DU TALMUD OU DU CORAN TIENS !...
ÇA FAIT MÉTÈQUE OU BOUGNOULE Y'A PAS
OU ALORS DU KAMA-SOUTRA
HHA !
PS
ENFIN, MOI, JE SUIS LÀ POUR LIRE. PAS POUR COMMENTER.
ALORS QU'EST-CE QUE JE FAIS HEIN ? JE LIS :
"J'ai voulu ce matin te rapporter des roses."
HÉ ! LES GARS ! BONNE NOUVELLE ! C'EST UNE NÉNETTE QUI VEUT RAPPORTER DES ROSES À SON MEC !!...
HÉHO ! QU'EST-CE QUE VOUS DITES DE ÇA !
ON EST VACHEMENT CONTENT D'APPRENDRE ÇA HEIN ?!
HHA ! HA !
PAS VRAI ?
TIENS HÉ ! REGARDEZ-MOI ÇA LA BELLE GUIBOLLE QUE ÇA ME FAIT !
C'EST PAS CROYABLE !
ÇA PROMET POUR LA SUITE !
ENFIN ... ON CONTINUE À SE MARRER ... HUHUM ...
EUH ... OÙ QUE J'EN SUIS MOI ...
AH ...
"Mais j'en avais tant pris dans mes ceintures closes, Que les nœuds trop serrés n'ont pu les contenir..."
PROUT
HÉ ! V'LÀ QU'ELLE SE COLLE DES ROSES DANS LA CEINTURE, MAINTENANT !!
VOUS AVEZ DÉJÀ ESSAYÉ DE VOUS METTRE DES ROSES DANS LA CEINTURE, VOUS ?
NON MAIS ÇA VA PAS !
COMPLÈTEMENT À LA MASSE, LA NANA !
BREF ... PUISQU'ON EST PARTI À DÉCONNER, HEIN ...
ALORS ... HEUUU ...
Que les nœuds trop serrés n'ont pu les contenir ... EUUH ...
"Les nœuds ont éclaté. Les roses envolées, Dans le vent de la mer s'en sont toutes allées."
OUAAAAH !
JE VOIS D'ICI LE TABLEAU !
HOULA
OUH
OUILLE
OUUUH
OUAH !

NON MAIS ...VOUS JURE ...U'EST-CE QU' ...Y FAUT PAS ...ENTENDRE!
ÇA VA AU BORD DE LA MER AVEC DES ROSES PLEIN LA CEINTURE! PAF! TOUTES LES ROSES DANS LA FLOTTE!!
ET ÇA S'ÉTONNE APRÈS ÇA! ÇA S'ÉTONNE!
J'EN PEUX PUS
C'EST PAS VRAI!
NON MAIS C'EST PAS VRAI
HÉ... HÉHO...
ET D'UNE
...D'ABORD J'AIMERAIS BIEN QU'ON ME MONTRE UNE SEULE PLAGE OÙ QU'Y POUSSE DES ROSES DESSUS
CELA DIT, C'EST PAS MES OIGNONS, PAS VRAI...
ELLE A LE DROIT DE VOIR DES ROSES OÙ ELLE VEUT...
HÉ... HÉHO... L'ALCOOTEST... C'EST PAS FAIT POUR LES CHIENS...
BON. CONTINUONS.
"Elles ont, sur... sur...? sur QUOI ?..
QUEL EST LE SAGOUIN QUI A ÉCRIT ÇA?
ILLISIBLE CE TORCHON
QUOI?
Elles ont SUR UN VÉLO?
SUR UN VÉLO?
C'EST ENCORE UNE IMAGE POÉTIQUE SI JE N'ME TROMPE
V'LÀ AUTRE CHOSE
...AH!
..." Elles ont... SUIVI L'EAU... pour ne plus revenir"...
TIENS... C'TE BONNE PAIRE!
ELLE PREND PEUT-ÊTRE UNE ROSE POUR UN BOOMERANG
...ELLE CROIT PEUT-...TRE QUE LES ROSES, ...ÇA REVIENT TOUT SEUL
ALORS LÀ C'EST PLUS TRISTE
LÀ C'EST L'OPHTALMO QU'IL LUI FAUT
ÇA VA ...RAIMENT PAS LA ...NANA
AH PIS JE COMMENCE À EN AVOIR PLEIN LE CUL DE CES FOUTAISES QUI VEULENT RIEN DIRE, ALLEZ, Y'EN A MARRE, ON LIQUIDE...
"La vague en a paru rouge et comme enflammée
Ce soir, ma robe encore en est tout embaumée"...
"Respires-en sur moi l'odorant souvenir."
STOP ET FIN
EH BEN BRAVO. ...C'EST DU PROPRE.
BRAVO
ALORS EN V'LÀ UNE QUI VIENT DEMANDER À SON JULES DE LUI RESPIRER SA ROBE.
ALORS LÀ BRAVO.
...SI C'EST ÇA ...U'ON APPELLE ...A POÉSIE, EH ...EN ALORS Y'A ...PLUS QU'À ...DIRE BRAVO.
C'EST ÇA QU'ON FAIT ÉTUDIER À NOS GOSSES À L'ÉCOLE.
LÀ, MOI JE DIS UNE CHOSE: BRAVO.
EH... QUAND UNE NANA DEMANDE À SON JULES DE VENIR LUI RENIFLER LA ROBE, ALORS C'EST POUR L'ODEUR DES ROSES QU'IL Y AVAIT DEDANS ALORS?
ET C'EST À NOUS QU'ON VEUT FAIRE GOBER ÇA?!
ET MON ŒIL? IL SENT LA ROSE, MON ŒIL?
BRAVO!
BRAVO LA POÉSIE!
SI VOUS VOYEZ CE QUE JE VEUX DIRE
ET QUI C'EST QUI A ACCOUCHÉ DE CE TORCHON PAS À PRENDRE AVEC DES PINCETTES?..
MARCELINE...
MARCELINE COMMENT?
DESBOR..?
DESBORDES-VALMORE...
BUÈÈÈ
...MARCELINE ...DESBORDES-...VALMORE! ...NE BONNE ...FEMME!!
AH BEN ÇA M'ÉTONNE PLUS!
VOILÀ CE QUI ARRIVE QUAND ON LAISSE UNE BONNE FEMME FAIRE DE LA POÉSIE!.. QUAND ON AURA COMPRIS QUE LES BONNES FEMMES, LEUR PLACE, C'EST LA CUISINE ET TORCHER LES MÔMES, ET QU'ON LAISSERA LA POÉSIE AUX HOMMES, LÀ, ÇA IRA!!
ON POURRA COMMENCER À VIVRE PROPREMENT!
OUAIS!
SI TOUTEFOIS JE PEUX ME PERMETTRE DE DONNER MON AVIS!
TIENS! ÇA ME DÉBECTE!
GOTLIB
2

SALUT LES POTEAUX
"L'ALLÉE AUX CENT COLLINES", C'EST QUI ?
C'EST TOI OU MOI ?
MOI EN TOUT CAS, J'AI FAIT "DRAME DANS LE CLAPIER", MOI
BEN OUI MAIS LA "TRANCHE DE VIE" T'AS PAS FAIT LE SCÉNARIO, TOI ?
SI, C'EST MOI, LÀ
NON MAIS ATTENDEZ-VOIR, LONE SLONONO, C'EST LONE SLOANE ?
ATTENDS... "VOYAGE AU FOND DE L'EFFROI", J'AI BIEN ÉCRIT LE SCÉNARIO ?
C'EST TOI QUI L'AS DESSINÉ ?
QUI ÇA MOI ?
AH NON PARDON, TOI T'AS FAIT "TERRA ME VOILÀ"
PAS DU TOUT. JE L'AI DESSINÉ
EXACTEMENT
NON. LE DESSIN. T'AS FAIT LE DESSIN, TOI
J'Y SUIS PLUS TOUT À FAIT, LÀ
T'AS FAIT LONE SLONONO ?
MAIS NON HÉ ! ÇA C'EST MOI QUI L'AI FAIT !
MANDRYKA, IL A FAIT QUOI, LUI ?
AH BON ?
ON S'EMMÊLE UN PEU JE TROUVE
MOI J'AI FAIT LA "TRANCHE DE VIE"
NI L'UN NI L'AUTRE
DRUILLET LUI, IL A FAIT LONE SLONONO
OUI MAIS ATTENTION, LE SCÉNARIO UNIQUEMENT !
AH BON D'ACCORD
LE DESSIN OU LE SCÉNARIO ?
ÇA N'A AUCUN SENS
EH BEN ET GIRAUD, IL A RIEN FAIT, LUI ?
DANS "L'ALLÉE AUX CENT COLLINES" ?
EH BEN QUI C'EST QUI L'A DESSINÉ ALORS ?
ET LE "DRAME AU FOND DE L'EFFROI" ?
LES DEUX
TU PARLES D'UNE SALADE
SI, LE "VOYAGE AU FOND DE L'EFFROI"
OUAIS. ET DANS "TERRA ME VOILÀ" AUSSI, NON ?
C'EST CLAIRE
"DRAME DANS LE CLAPIER" TU VEUX DIRE ?
SALADE DE SAISON ?
DU LAIT FROID ?
AH NON MINUTE DANS "TERRA ME VOILÀ" C'EST GOTLIB QUI A FAIT LONE SLONONO
T'ES SÛR ?
IL A DESSINÉ DANS LE CLAPIER ?
EFFROI. PAS LAIT FROID.
OUAIS. CLAIRE BRETÉCHER
NON ! "DRAME DANS LE CLAPIER" !
ÉCOUTE, VIENS PAS ENCORE TOUT MÉLANGER
MOI, J'AIME MIEUX LE SCOTCH QUE LE LAIT FROID, MOI
DRUILLET, IL A FAIT LE SCÉNARIO ALORS, LUI
MAIS NON. TU COMPRENDS PAS
ET LA "TRANCHE DE LONE SLONONO" ?
MOI JE SUIS SÛR D'AVOIR ÉCRIT LE SCÉNARIO DE "L'ALLÉE AUX CENT CLAPIERS"...
ET EPHRAÏM ZYMBALIST JUNIOR, QU'EST-CE QU'IL A FAIT ? LE DESSIN ?
ARRÊTEZ UN PEU VOS CONNERIES
ATTENDEZ J'Y SUIS PLUS TOUT À FAIT, LÀ
"TRANCHE DE VIE" PAS DE LONE SLONONO !
QU'IL EST CON CELUI-LÀ ALORS
OUI. C'EST SUR UN SCÉNARIO D'ÉLIZABETH SCHWARTZKOPF. LETTRAGE, NIKITA PHEKTÉ.
TU 'OIS C'EST MARRANT TU 'OIS, CE SCOTCH TU 'OIS IL A COMME UN ARRIÈRE-GOÛT TU 'OIS DE CADUM TU 'OIS À LA LAVANDE TU 'OIS
AH OUI C'EST ÇA, "DRAME AU FOND DE L'EFFROI DANS LE CLAPIER AUX CENT COLLINES DE VIE, ME VOILÀ". C'EST ÇA.
ALORS LÀ C'EST PLUS POSSIBLE DE CAUSER LES GARS, MERDE !
MOI... COMMENT... JE SUIS LÀ, MAIS... COMMENT... J'AI... COMMENT... J'AI RIEN À... COMMENT... J'AI RIEN FOUTRE LÀ... COMMENT. QUE J'AI... COMMENT... RIEN FAIT DANS LES... COMMENT... LES PAGES QUI SUIVENT...
J'AI PAS BIEN SUIVI DU DÉBUT
TU 'OIS
TU SAIS... C'EST... TU SAIS... PAS TRÈS... TU SAIS... PAS... TU SAIS... TRÈS... TU SAIS... PAS TRÈS CLAIR... TU SAIS...
PIS ALORS...
TU SAIS
GUILI GUILI
T'ES NÉVROSÉ
LACAN
LE SURMOI
SYMBOLE PHALLIQUE
C'EST UN REFUS
C'EST LE TRANSFERT
ET TOUTES CES SORTES DE CHOSES
LE STADE SADO ANAL
T'AS DES PROBLÈMES AVEC TA MÈRE TOI
C'EST TON OEDIPE
C'EST FREUDIEN
PSYCHOSOMATIQUE
LA CASTRATION
TU PROJETTES
C'EST L'INCONSCIENT
COMMENT
T'AS RIEN À FOUTRE ICI NON PLUS TOI. ALLEZ HOP. BARRE-TOI !
DIEU TE BÉNISSE
EN UN MOT COMME EN MILLE, VOICI CE QUE VOUS TROUVEREZ DANS LES PAGES QUI SUIVENT :
DRAME DANS LE CLAPIER
DESSIN : BRETÉCHER
SCÉNARIO : MOI
TRANCHE DE VIE
DESSIN : MA POMME
SCÉNARIO : MANDRYKA
VOYAGE AU FOND DE L'EFF
DESSIN : GIRAUD
SCÉNARIO : JE
L'ALLÉE AUX CENT COLLIN
DESSIN : DRUILLET
SCÉNARIO : MYSELF
TERRA ! ME VOILÀ !
QUE J'AI FAIT TOUT SEUL, CO ME UN GRAND. (MAIS L'OMBR GIGANTESQUE DE DRUILLET PLANE SUR CES 5 PAGES)
QUANT À LOB, IL N'A RIEN FOUTU. IL EST JUSTE VENU EN COPAIN. ET AUSSI PARCE QU'IL EST, POUR MOITIÉ, LE PÈRE SPIRITUEL DE SUPER-DUPONT (PAGE 7).
DE GAUCHE À DROITE ON RECONNAÎT, EN SE FORÇANT UN PEU :
JEAN GIRAUD
PHILIPPE DRUILLET
MARCEL MÉZIGUE
CLAIRE BRETÉCHER
NIKITA MANDRYKA (DIT : "NIK LE GLABRE")
JACQUES LOB

FABLE-EXPRESS
DRAME DANS LE CLAPIER
PAR GOTLIB ET BRETECHER
CE JOUR-LÀ LE PÈRE MATHIEU ATTEND UN HEUREUX ÉVÉNEMENT
ENFIN !
Ils sont nés les petits lapins, Sonnez hautbois, résonnez machins, Ils sont nés, comme ils sont charmants, Chantons tous leur avènement !
GLORI GLORI ALLELOUYA
YOUKAIDI
ACRÉ VINGUIEUX C'EST-Y QU'Y SONT DONC CHARMANTS !
J'M'EN VAS CHANTER LEUR AVÈNEMENT CRÉ BONSOUÈRE !
?
C'EST QU'IL ÉTIONS BEN GROS POUR SON ÂGE CE LAPERIAU...
AREU...
PT'ET BEN QU'IL ÉTIONS MALADE ?
DITES VOUÈRE MONSIEUR LE VÉTÉRINAIRE, CE LAPERIAU N'A QUE DEUX HEURES VOUS PARAÎT-Y POINT UN PEU GROS POUR SON ÂGE...
VOYONS UN PEU...
AGA
REU...
POUET
POUET
POUET
C'EST EXACT MON BRAVE CE LAPEREAU EST TROP GROS POUR SON ÂGE... IL SOUFFRE DE CE QUE NOUS APPELONS UNE HYPERTROPHIE !
QU'EST-CE QUE C'EST-Y QUE ÇA VOULIONS DIRE, UNE PÈRE TROPHIE ?
UNE HYPERTROPHIE, VOYEZ-VOUS C'EST UN DÉVELOPPEMENT ANORMAL... CE JEUNE LAPIN EST TROP GROS POUR SON ÂGE... NOUS DISONS DANS NOTRE JARGON QU'IL EST "HYPERTROPHIÉ"
AH BEN !
V'LÀ AUT'CHOSE !
ET COMMENT QU'C'EST-Y QU'VOUS AVIONS DEVINÉ QUE LE LAPERIAU ÉTIONS PÈRE TROPHIÉ ?
EN LE TÂTANT MON AMI EN LE TÂTANT... LE TÂTAGE EST LE MOYEN LE PLUS SÛR POUR DÉCELER L'HYPERTROPHIE...
SURTOUT CHEZ UN JEUNE LAPIN...
MORALITÉ :
L'HYPERTROPHIE DE LAPEREAU SE TÂTE.

UNE TRANCHE DE VIE
TIC-TAC-
TIC-TAC-TIC
TAC-TIC
TAC-TIC-
TIC-TAC-TIC-TAC-
TAC
TIC-TAC
TIC-TAC-TIC TIC-TAC-TIC-TAC-TIC
RRRRRRRRRRRRRRRRR...RG
...MMFFF...
MGN-MGN-MGN...
MGN MGN MGN
MGN?

GRAT GRAT
AOUUF
SCHLIP
SCHLIP
SCHLIP
GNNNNNN
MMMF...
SSSSOOOP
SHLIIIIP
GNNNN
SCHLOP
OUAAAOUF
PFFFFFFF
PFFFFF
GNNNN
TIP
TOP
TIP
TOP
TIP
TOP
RIP
RIP
RIP
COUIK
POUET
PROTCH
CHL
CHL
CHL
CHL
CHL
CHL
CHL
CHL
CHL
CHL
CHL
CHL
CHL
CHL
CHL
CHL
CHL
CHL
FLOTCH
PCHHHH
SLURP
BL
BL
BL
BL

BL BL BL BL
PRL PRL PRL PRL PRL
BL PRL PRL BL PRL
PRL
RGLGLRGLGLR
PRLRLRLRLRL
PCHHH
FCH FCH FCH
SCHLIP
SCHLOP SCHLAP
SCHLOP
SCHLIP
SCHLAP
SCHLIP
SCHLOP
SCHLOUP
GNOUK GNOUK GNOUK
FLOUCH
FLOUCH
CHIP CHIP
GRAT GRAT GRAT GRAT GRAT
BRM
KLIP
BZZZZZZZZZZZZZZZZZZZZZZZZZZZZZZZZZZZZZZZZZZZZZ
ZZZZZZZZZZZZZZZZZZZZZZZZZZZZZZZZZZZZZZZZZZZZZZ

ZZZZ
KLOMP
CLIK
NETTOYAGE
HHHHHH
PFOU
Lotion After Shave
BL BL BL BL BL
TAP TAP TAP
TAP TAP TAP
RIIIP-RAAP-RIIIP-
RAAAP-RIIIP
RAAP
RIIIP
RAAP
POUET
PROOTCH
SHLIP SCHLIP
SCHLIP SCHLIP SCHLIP
GNIK GNIK GNIK
GNOUK GNOUK GNOUK
ZAP
GNNNNNNN
COUIK
PLONK
TIP TOP TIP TOP TIP TOP
KRATCH
F-
RRIIIP
WOOOOUUF
PFOU

KROTCH
ZIP-ZIP-ZIP
SCHLOP
MMH
GN
SCHGN
SCHGN
SCHGN
BL
BL
BL BL BL
BL
PLOP
PUR SUCRE
KLING
PUR SUCRE
FRLP
PROTCH
SCHLGN
SCHLGN
BL BL
BL BL
BL
RRIIIP
F
TIP TOP TIP TOP TIP
GNF
POC
ZZIIIP
CHUGN
CHUGN
CHIP
CHIP
CAFÉ SOLUBLE
ZOP ZOP
CAFÉ SOLU
KLING
FRRRRR
PCHHHH

LAIT
FT FT FT FT
KLING KLONG
SNIF
KLING
MMMH
KLONG
SSSSSSS
GNNNN
PFFFOUUUUU
KLING
KLONG
CRONTCH
CRONTCH
SCRONTCH
MUNTCH
GL
SCROC
KLING KLANG
KLONG
SSSSSSS
SLUURRP
GLOUB
KLONG
KRUNTCH
RONTCH MONTCH
SLUUUURP
MACH MACH MACH MACH
KRANTCH
MACH
MUNTCH
MONTCH
GLB
SLOOORRP
KROTCH
BON SANG! AVEC TOUT ÇA JE ME SUIS FOUTU EN RETARD!
SC-MANDRYKA D-GOTLIB

VOYAGE AU FOND DE L'EFFRO

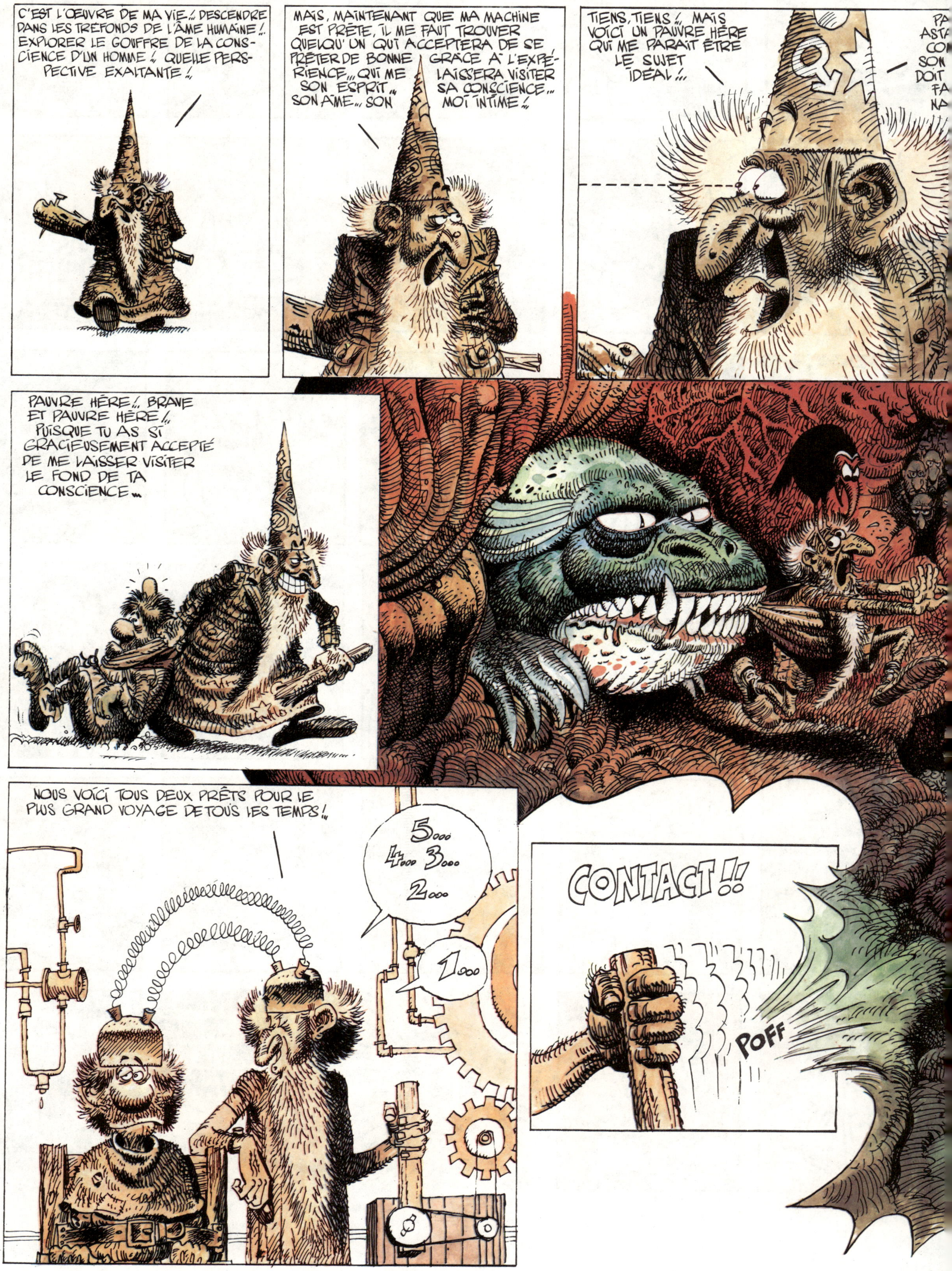

GOTLIB ET GIR.
OUF!
ON IMAGINE MAL QUEL MONDE EFFRAYANT PEUPLE LE FOND DE LA CONSCIENCE D'UN PAUVRE HÈRE...
MORALITÉ: LE FOND DE L'HÈRE EFFRAIE (*)
(*) ÉTANT ENTENDU QUE L'HÈRE EN QUESTION EST PAUVRE...

L'ALLÉE AUX CENT COLLINES
PAR GOTLIB ET DRUILLET
SUR LE FLEUVE INFINI DES ETOILES VOGUE LE VAISSEAU SUBLUMINIQUE DE *LONE SLONONO*... IL FONCE À TRAVERS L'UNIVERS SANS FIN, COMME UN ÉTRANGE ANIMAL DE L'AU-DELÀ, AGITÉ D'INCONCEVABLES SECOUSSES...
HIC
HIC
HIC
HIC
HIC
HAARS!
HIC
HIC
HIC
PLANÈTE ZHYVE
HIC
HIC
HIC
FAANG !.. HIC... VOICI UNE TERRE ÉTRANGE ... HIC... QUI ARRIVE FORT À PROPOS !.. HIC... JE N'EN PUIS PLUS !.. HIC... IL ME FAUT FAIRE ... HIC... HA... HIC... HAL... HIC... HALTE !..
KRAAG ! QUELLE EST CETTE ÉTRANGE CONTRACTION DE MON... HIC... DIAPHRAGME... QUI ME... HIC... MORD LES ENTRAILLES COMME SI LES MILLE DE... HIC... MONS DE ZGROOL Y ÉTAIENT... HIC... TAPIS... PAR L'ESPACE... HIC... JE BRÛLE D'UN FEU IN... ...INTOLÉRABLHIC... HIC...
HIC
HIC
SALUT À TOI, ÉTRANGER !.. À TOI QUI VIENS D'AILLEURS ! DES ESPACES INFINIS !.. AVEC TA GUEULE DE MÉTÈQUE, DE JUIF ERRANT, DE PÂTRE VÉNUSIEN !.. BIENVENUE SUR LA PLANÈTE ZHYVE DONT JE SUIS KLOONG, LE GRAND PRÊTRE !..
HIC
PAR GNOOF !.. CE SONT LES DIEUX QUI T'ENVOIENT !.. HIC ... UN MAL ÉTRANGE ME FOUAILLE... HIC... LES TRIPES... HIC... PEUT-ÊTRE CONNAIS-TU UN RE... HIC... UN REMÈDE MIRACLE... HIC... ?
JE CONNAIS CE MAL. VOICI : ICI, SUR LA TERRE DE ZHYVE, EXISTE UNE ALLÉE QUI MÈNE AU TEMPLE DES MILLE DAMNATIONS. CETTE ALLÉE EST BORDÉE DE CINQUANTE COLLINES À GAUCHE ET DE CINQUANTE COLLINES À DROITE, QUI DRESSENT LEURS CIMES FAROUCHES ...
VA !.. SUIS CETTE ALLÉE ! QUE TES PAS TE MÈNENT, ENTRE LES CIMES SACRÉES JUSQU'AU TEMPLE !.. LÀ SE PRODUIRA LE MIRACLE QUI TE GUÉRIRA DE TON MAL !..
HIC ... GRAND ET NOBLE KLOONG ! HIC... SOIS RE ... HIC ... REMER... HIC... ...MERCIÉ !..
...PAR XUUGH ! HIC... QUEL CALME GIGANTESQUE !.. HIC... QUEL INCONCEVABLE ET ABOMINABLE HIC... SECRET RENFERME ... HIC... DONC CE LIEU !.. HIC... NE VAIS-JE PAS... HIC... PERDRE LA ... HIC RAI... HIC... LA RAIS... HIC... LA RAISON ?..

PFFFRT!
L'HORRIBLE MALÉDICTION DU TEMPLE DES MILLE DAMNATIONS ÉTAIT PASSÉE... UN SOUFFLE D'ENFER GLISSA SUR LE CORPS PROSTRÉ DE LONE SLONONO... TOUT SE TUT... COMBIEN DE TEMPS CELA DURA-T-IL ?.. UNE SECONDE ?.. UN SIÈCLE ?..
...PAR GNYYK... SUIS-JE ENCORE VIVANT...?...
...PAR PROÛÛT... LES DIEUX DES MILLE GALAXIES QUI HANTENT LA PLANÈTE ZHYVE, ONT FAIT DE CETTE ALLÉE, BORDÉE DE CENT MAJESTUEUSES CIMES, UN LIEU MIRACULEUX !.. J'Y AI ÉTÉ GUÉRI DE MON MAL ÉTRANGE !.. GLOIRE À LA PLANÈTE ZHYVE ET À SON ALLÉE MIRACLE !..
MORALITÉ COSMIQUE
L'ALLÉE ZHYVE AUX CENT CIMES, C'EST VRAIMENT L'ALLÉE ZHYVE MIRACLE.

QUEL EST L'ENFANT
DE SALAUD QUI A
FOUTU DU SAVON
DANS MON SCOTCH

DANS LA NUIT ÉTERNELLE DES ESPACES INFINIS OÙ LES ÉTOILES, MÊME, SEMBLENT DE MINUSCULES TROUS LUMINEUX SUR UNE GIGANTESQUE DRAPERIE DE VELOURS NOIR, DANS LA NUIT ÉTERNELLE DES ESPACES INFINIS, FONCE LE VAISSEAU SUBLUMINIQUE À DOUBLE CULBUTEUR INVERSÉ DE LONE SLONONO, ÉTERNEL VAGABOND DU SOMBRE NÉANT, AVENTURIER DES OCÉANS GALACTIQUES, ERRANT SANS FIN, DE PLANÈTE EN PLANÈTE, DE NÉBULEUSE EN GALAXIE, D'UNIVERS EN UNIVERS, ET IL A VRAIMENT DU POT QUAND ON PENSE AU BOULOT POUR ALLER DÉJÀ DU PONT DE NEUILLY À LA CONCORDE EN SEMAINE À SEPT HEURES DU SOIR.
À PHILIPPE DRUILLET. QUE LES SEPT DÉMONS BUBONIQUES ET VISQUEUX LUI BOUFFENT LES YEUX DE L'INTÉRIEUR, LE RECOUVRENT DE LA FIENTE MAUDITE D'ARASTROTH LE GLAIREUX ET LUI ARRACHENT LES POILS DU NEZ UN PAR UN JUSQU'À CE QU'IL ME RENDE LES CINQ MILLE BALLES QU'IL ME DOIT. WULL!
TERRA ME VOILA
PAR GOTLIB
MAIS CE VOYAGE SERA SANS RETOUR. LONE SLONONO, EN EFFET, ATTEINT PAR LA LIMITE D'ÂGE, REJOINT À LA VITESSE DE LA LUMIÈRE, TERRA, SA PLANÈTE NATALE, OÙ IL POURRA GOÛTER ENFIN UN REPOS BIEN MÉRITÉ APRÈS TANT D'AVENTURES. (GRÂCE À SA RETRAITE DES VIEUX À LA CAISSE DE LAQUELLE IL A PRIS SOIN DE COTISER DURANT SA LONGUE VIE MOUVEMENTÉE.)
TIENS VOILÀ LA QUILLE ♪ C'EST PAS POUR LES BLEUS ♪ NOM DE DIEU ♫
ET CEPENDANT QU'IL VOGUE, PORTÉ SUR LES AILES DE L'ESPACE ET DU TEMPS, LONE SLONONO SE SOUVIENT...
OUI...
...IL SE SOUVIENT... TOUTES CES AVENTURES QU'IL A VÉCUES... SUR LES MILLE PLANÈTES QUE SES PIEDS ONT FOULÉES... CES AVENTURES OÙ, MILLE FOIS, IL FAILLIT LAISSER SA VIE...
QUAND JE RACONTERAI ÇA AUX COPAINS ILS VOUDRONT JAMAIS ME CROIRE PAR WULL

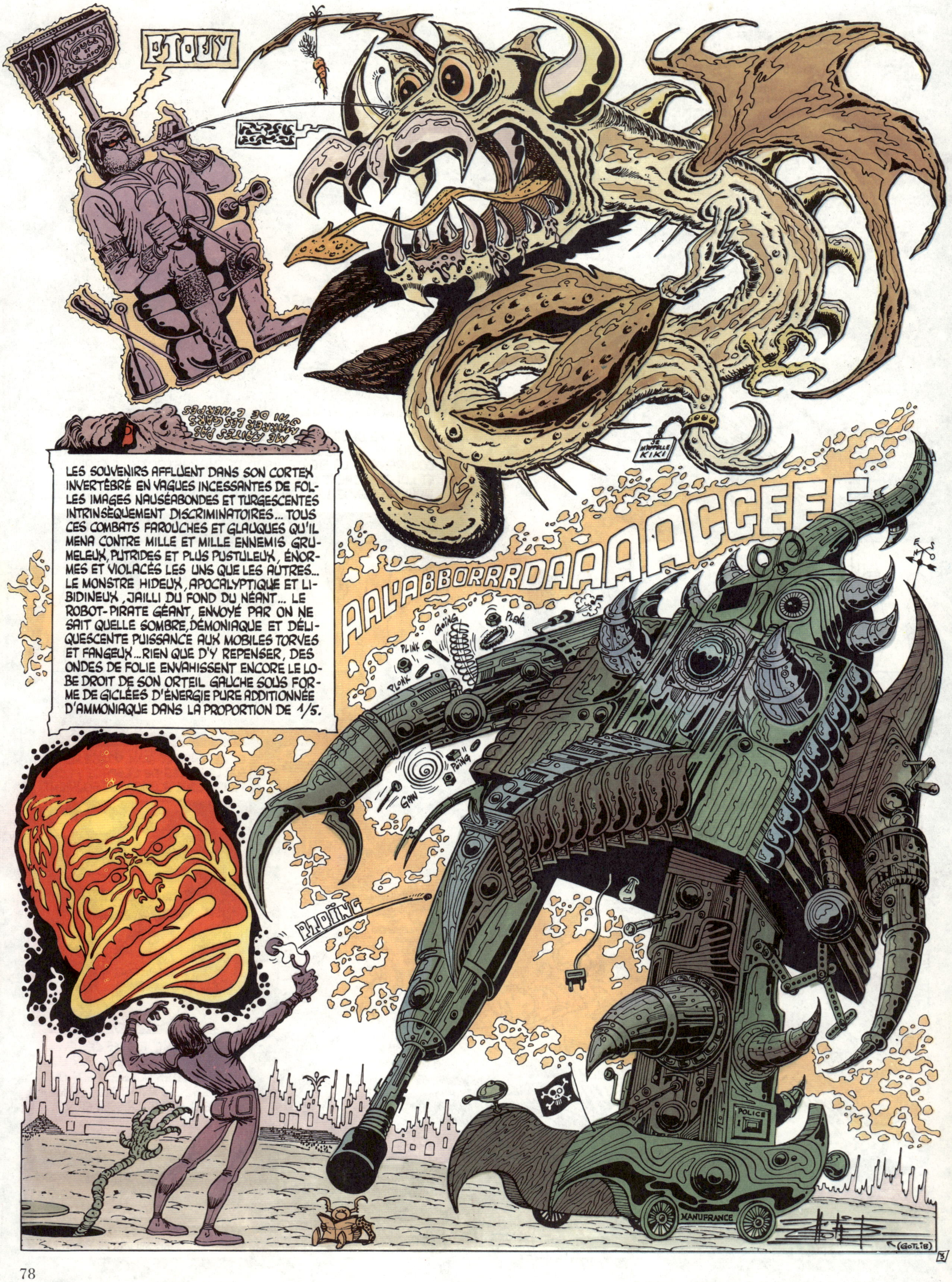
PTOUY
ME FAITES PAS MARRER LES GARS J'AI DE L'HERPES
LES SOUVENIRS AFFLUENT DANS SON CORTEX INVERTÉBRÉ EN VAGUES INCESSANTES DE FOLLES IMAGES NAUSÉABONDES ET TURGESCENTES INTRINSÈQUEMENT DISCRIMINATOIRES... TOUS CES COMBATS FAROUCHES ET GLAUQUES QU'IL MENA CONTRE MILLE ET MILLE ENNEMIS GRUMELEUX, PUTRIDES ET PLUS PUSTULEUX, ÉNORMES ET VIOLACÉS LES UNS QUE LES AUTRES... LE MONSTRE HIDEUX, APOCALYPTIQUE ET LIBIDINEUX, JAILLI DU FOND DU NÉANT... LE ROBOT-PIRATE GÉANT, ENVOYÉ PAR ON NE SAIT QUELLE SOMBRE, DÉMONIAQUE ET DÉLIQUESCENTE PUISSANCE AUX MOBILES TORVES ET FANGEUX... RIEN QUE D'Y REPENSER, DES ONDES DE FOLIE ENVAHISSENT ENCORE LE LOBE DROIT DE SON ORTEIL GAUCHE SOUS FORME DE GICLÉES D'ÉNERGIE PURE ADDITIONNÉE D'AMMONIAQUE DANS LA PROPORTION DE 1/5.
JE M'APPELLE KIKI
AAL'ABBORRRDAAAAACCEFF
GOÏNG
PLENG
PLINK
PLONK
PÖING
GAW
PTOÏNG
POLICE
MANUFRANCE
(GOTLIB)
3

22 LES GARS! LE GRAND WULL!
PARDON, C'EST BIEN LA QUEUE POUR LES MANDATS?
NON ICI C'EST POUR LES ENVOIS RECOMMANDÉS
QU'EST-CE QUI TI LA WULL-WULL?
VOUS AVEZ VOTRE CARTE DES ENTITÉS?
CIEL COMME C'EST SPIRITUEL
ET CETTE NUÉE DÉMENTIELLE ET PURPURINE D'ENTITÉS GLAIREUSES ET GLUANTES, CRÉATURES SCROFULEUSES ET PURULENTES, AUX PUSTULES VERDÂTRES ET CLOPORTEUSES DANS LEUR DÉLIQUESCENCE SCOLOPENDROPHYLE QUI, JAILLISSANT COMME AUTANT DE MOLLUSQUES PUANTS, POURRIS, GROUILLANTS ET CACATEUX, FAILLIRENT L'ANÉANTIR EN UN ÉCLAIR MORDORÉ ET IL NE DUT SON SALUT QU'À UN COURAGE SURHUMAIN ET AU FAIT QU'IL FUT CHAMPION DU MILLE MÈTRES NAGE LIBRE À L'UNIVERSITÉ DE HARVARD OÙ IL PASSA BRILLAMMENT SON CERTIFICAT D'ÉTUDES, CE QUI NOUS ÉLOIGNE DE NOTRE SUJET.
ULTRA WULL AU GOÛT SAUVAGE
POUSSEZ PAS DERRIÈRE!!
CHARGE
Y'A T'IL UN MÉDECIN DANS LA SALLE
LE JEUNE EPHRAÏM ZIMBALYST JUNIOR EST DEMANDÉ PAR SA MAMAN
JE TROUVE QUE DRUILLET EN FAIT UN PEU DE TROP
BOUH!
IL Y A UNE CARIE AU FOND À DROITE
RÉPÈTE UN PEU SI T'ES UN HOMME
LA PORTE!
SOIF ♫ D'AUJOURD'HUI ♫ POUR VIVRE INTENSÉMENT
MAIS QU'EST-CE QU'ILS ONT TOUS À GUEULER COMME ÇA

(FIN DU FLASH-BACK)
IL SE SOUVIENT... IL SE SOUVIENT, LONE SLONONO... CEPENDANT QUE SON VAISSEAU SUBLUMINIQUE À DOUBLE INJECTEUR ÉLECTRONIQUE INCORPORÉ ET HUIT CYLINDRES EN V FONCE VERS TERRA... SOL NATAL... TERRA... D'OÙ IL PARTIT NAGUÈRE POUR COURIR LES ESPACES INFINIS... ET OÙ BIENTÔT, IL POURRA GOÛTER LE REPOS ET JOUIR D'UNE VIEILLESSE HEUREUSE...
(SANS COMPTER QUE JE VAIS ENFIN POUVOIR FAIRE SOIGNER MA CONJONCTIVITE CHRONIQUE)
TE VOILÀ ENFIN, TERRA !.. TOI QUE J'AI SI LONGTEMPS NÉGLIGÉE DANS MON INGRATITUDE D'AVENTURIER DE L'UNIVERS !..
TE VOILÀ TERRA... JE HUME D'UNE NARINE ÉMUE TON ATMOSPHÈRE PLEINE DE MILLE SENTEURS QUE J'AVAIS OUBLIÉES... TERRA...
JE FOULE D'UN GENOU FRÉMISSANT TON SOL BÉNI DONT J'AVAIS OUBLIÉ LA CHALEUR DANS MA QUÊTE INFINIE...
JE PLONGE AVEC DÉLICE DANS TON EAU LIMPIDE... COMME ELLE EST FRAÎCHE À MON CORPS LAS... COMME ELLE EMPLIT DE DOUCEUR MON COEUR DE VIEIL AVENTURIER DE L'ESPACE-TEMPS... COMME ELLE EST TENDRE À MES CORS DOULOUREUX... TERRA...
?
OUILLE
PAR TAU CÉTI
5

TOUJOURS SOUCIEUSE DE FAIRE PARTICIPER LES LECTEURS À LA VIE INTERNE, GROUILLANTE ET PITTORESQUE, DU JOURNAL, LA R.A.B. VOUS CONVIE CETTE SEMAINE À UNE DE NOS RÉUNIONS D'ACTUALITÉS. VOICI QUE S'OUVRE LE PORTAIL DU TEMPLE SACRÉ OÙ SE PRATIQUE LE RITE MAGIQUE DE L'HUMOUR GLACÉ ET SOPHISTIQUÉ.
MESSIEURS, UN PEU DE SILENCE. NOUS AVONS DU TRAVAIL.
M'SIEUR! Y'A LORO, Y FAIT RIEN QUE ME DONNER DES COUPS DE PIED SOUS LA TABLE!
C'EST MÊME PAS VRAI
GÉBÉ ET LORO, ZÉRO DE CONDUITE.
NOUS ALLONS CONSACRER NOS ACTUALITÉS DE CETTE SEMAINE AU "CONCORDE"
J'ATTENDS VOS IDÉES.
LI-LAAA LALOM
ÇA SE RAFRAÎCHIT DRÔLEMENT CES JOURS-CI...
TIENS, ÇA ME FAIT PENSER QUE J'AI PAS PAYÉ MON GAZ
GRAT GRAT
HUM...
M'SIEURS-DAMES. JE M'EXCUSE... JE SUIS UN PEU EN RETARD...
TIENS VOILÀ CABU
VOUS AVEZ UN MOT D'EXCUSES, CABU?
BEN NON, PARCE QUE...
PARFAIT. VOUS RESTEREZ EN RETENUE UNE HEURE.
PRENEZ UNE CHAISE ET ASSEYEZ-VOUS.
DONNE-ÇA TOI! C'EST MA CHAISE!
M'SIEUR! Y'A CABU Y'M'PREND MA CHAISE!
EH! ÇA VA PAS, NON?
C'EST FINI TOUS LES DEUX, OUI?!
TOI, J'T'ATTENDS À LA SORTIE! TU VAS VOIR ÇA TIENS!
BIEN. MESSIEURS, CES IDÉES SUR LE "CONCORDE"?
M'SIEUR! M'SIEUR! MOI, J'AI UNE IDÉE M'SIEUR!
J'AI LU COMME ÇA QUE LE PLANCHER DU "CONCORDE" ÉTAIT EN CHÊNE CIRÉ!
y = ax + b
MANDRYKA
J'ESPÈRE QU'ON A UTILISÉ UNE "DUFOY". J'EN AI UNE. JE PEUX DIRE QUE CE SONT LES MEILLEURES MACHINES À CIRER.
?
?
... ET D'AILLEURS, TOUT LE MONDE CONNAÎT LES: "CIREUSES DUFOY"
HA! HA!
HO!
HUM...
TRÈS BON!
PROFITANT DE L'INATTENTION GÉNÉRALE, REISER NOTE MALHONNÊTEMENT LE JEU DE MOTS, POUR LE REVENDRE À "LA SEMAINE DE ZEZETTE", JOURNAL CONCURRENT AUQUEL IL COLLABORE ÉGALEMENT.
HO! HO! HO!
CIREUSE DUFOY!
HA! HA!
PAS MAL CELLE-LÀ!
AH! CE FRED!
FRED, VOUS ME FEREZ 100 LIGNES POUR FAIRE RIRE VOS PETITS CAMARADES AU MOYEN DE CALEMBOURS. (AU DEMEURANT EXCELLENTS)
M'SIEUR! J'PEUX SORTIR?
VOUS AURIEZ PU Y ALLER AVANT, REISER! ENFIN! FAITES VITE.
MERCI M'SIEUR!
MANDRYKA
NOTA: CECI N'EST QU'UN PRÉTEXTE POUR ALLER TÉLÉPHONER LE JEU DE MOTS À LA RÉDACTION DE "LA SEMAINE DE ZEZETTE".